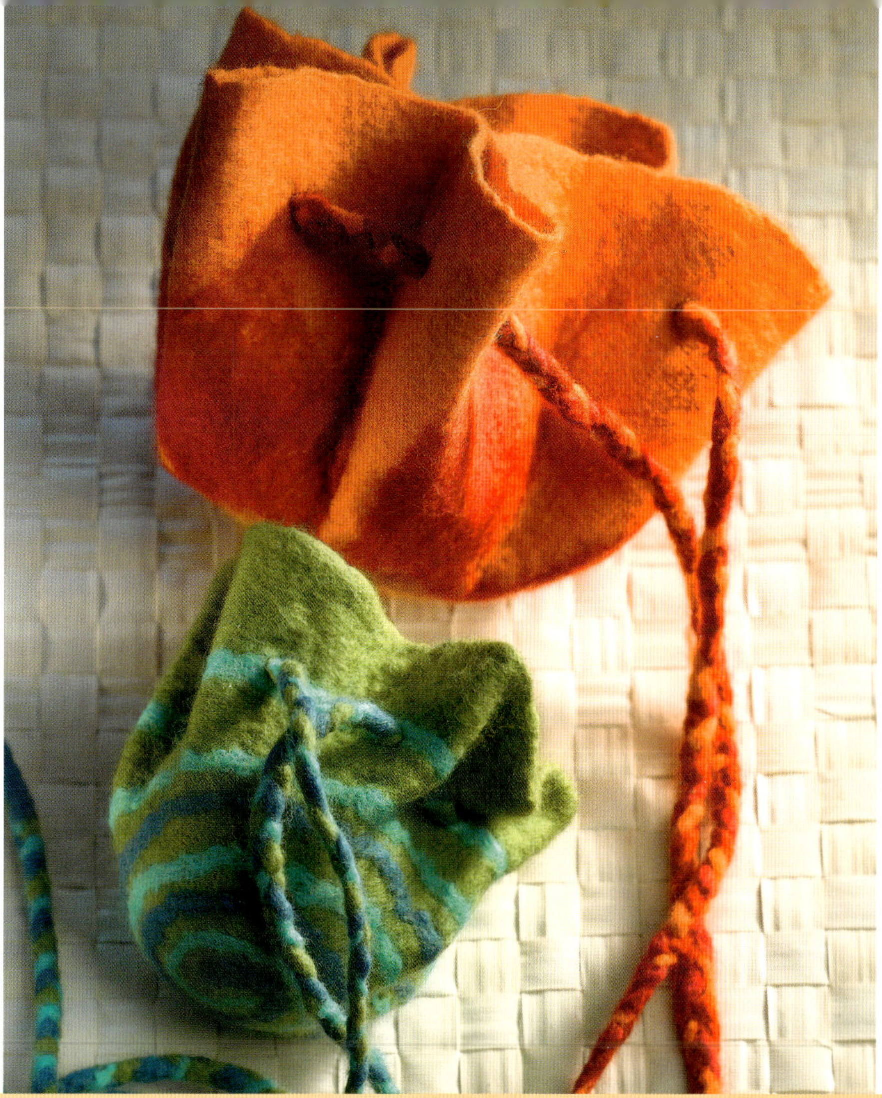

Filzen mit Kindern

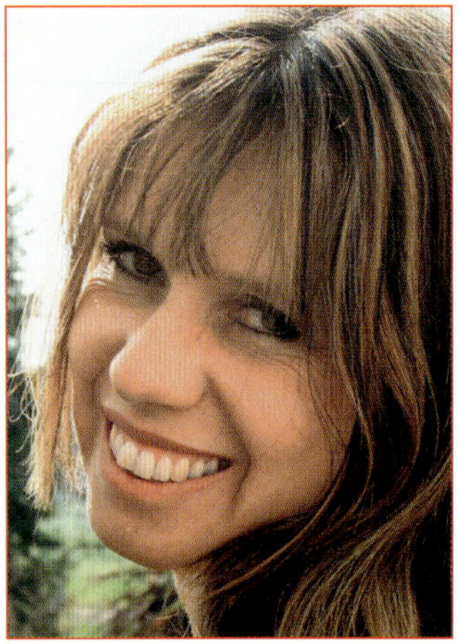

Katja Bayer

ist in Stuttgart-Bad Cannstatt geboren und aufgewachsen. Dort hat sie auch das Abitur gemacht und das Schreinerhandwerk in einer Massivholzschreinerei erlernt. Nach dem Studium in Köln kam sie zurück in ihre Heimat und lebt seither mit ihren zwei Kindern in der Nähe von Stuttgart.

Ihr Interesse galt schon von klein auf dem handwerklichen und gestalterischen Schaffen. So erweckten vor neun Jahren auf einem Kunsthandwerkermarkt ein paar nahtlos gefilzte Kinderschuhe ihr Interesse für das Filzen. Sie machte den Filzer István Vidák ausfindig. Bei ihm erlernte sie Grundzüge der traditionellen turkmenischen Filzkunst. Durch Workshops, eigenes Ausprobieren, moderne Hilfsmittel und eine zwischenzeitlich größere Auswahl an Materialien entwickelte sie mit der Zeit ihren eigenen Stil. Ihre Kenntnisse vermittelt sie gerne in Filzkursen.

Die Zeichen bei den Motiven haben folgende Bedeutung:

Schwierigkeitsgrad

- ⊙ für Anfänger
- ⊙⊙ für Geübte
- ⊙⊙⊙ für Fortgeschrittene

Zeitaufwand

- ⏰ bis 1 Stunden
- ⏰⏰ bis 2 Stunden
- ⏰⏰⏰ über 2 Stunden

Kosten

- € bis 3 Euro
- €€ bis 5 Euro
- €€€ über 5 Euro

Impressum

KONZEPTION: Monique Rahner
LEKTORAT: Monique Rahner
GESTALTUNG: Petra Theilfarth

FOTOS: frechverlag GmbH, 70499 Stuttgart; Katja Bayer und Michael Speier (Arbeitsschrittbilder und S. 2, 3, 11, 23, 36); Fotostudio Ullrich & Co., Renningen (alle anderen Fotos)
DRUCK: DELO-Tiskarna d.d., Ljubljana

Auflage: 5. 4. 3. 2. 1.
Jahr: 2011 2010 2009 2008 2007 [Letzte Zahlen maßgebend]
ISBN 978-3-7724-5806-4 • Best.-Nr. 5806

Hilfestellung zu allen Fragen, die Materialien und Bastelbücher betreffen: Frau Erika Noll berät Sie. Rufen Sie an: 07150/302777*

* normale Telefongebühren

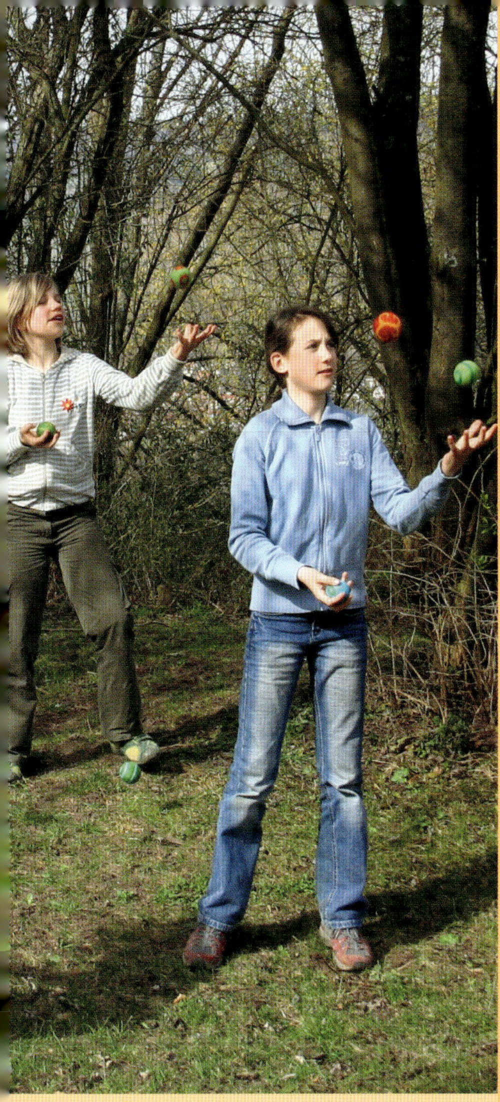

Filzen ist eine der ältesten Handwerkskünste. Durch einfache Regeln mit immer wiederkehrenden Arbeitsabläufen ist es für Kinder wie Erwachsene ein leicht zu erlernendes Handwerk.

Die Kinder erlernen den Weg vom Rohmaterial, der Wolle, bis zum fertigen Produkt. Durch die Farbigkeit der Wolle werden ihre Motivation und Kreativität angeregt. Filzen ist nicht geschlechtsbezogen; Jungen wie Mädchen können sich beim Bearbeiten der Wolle auslassen: Vom sanften bis energischen Reiben, Rollen, Werfen, Stampfen (auch mit den Füßen) ist für jeden etwas dabei.

Besonders leicht ist das Nacharbeiten der originellen Figuren, des Spielzeugs und der Accessoires durch die Bild-für-Bild-Anleitungen. Folgen Sie einfach der gestrichelten Linie, die Sie von einem Arbeitsschritt zum nächsten führt. So gelingen die Filzarbeiten garantiert!

Katja Bayer

Materialkunde

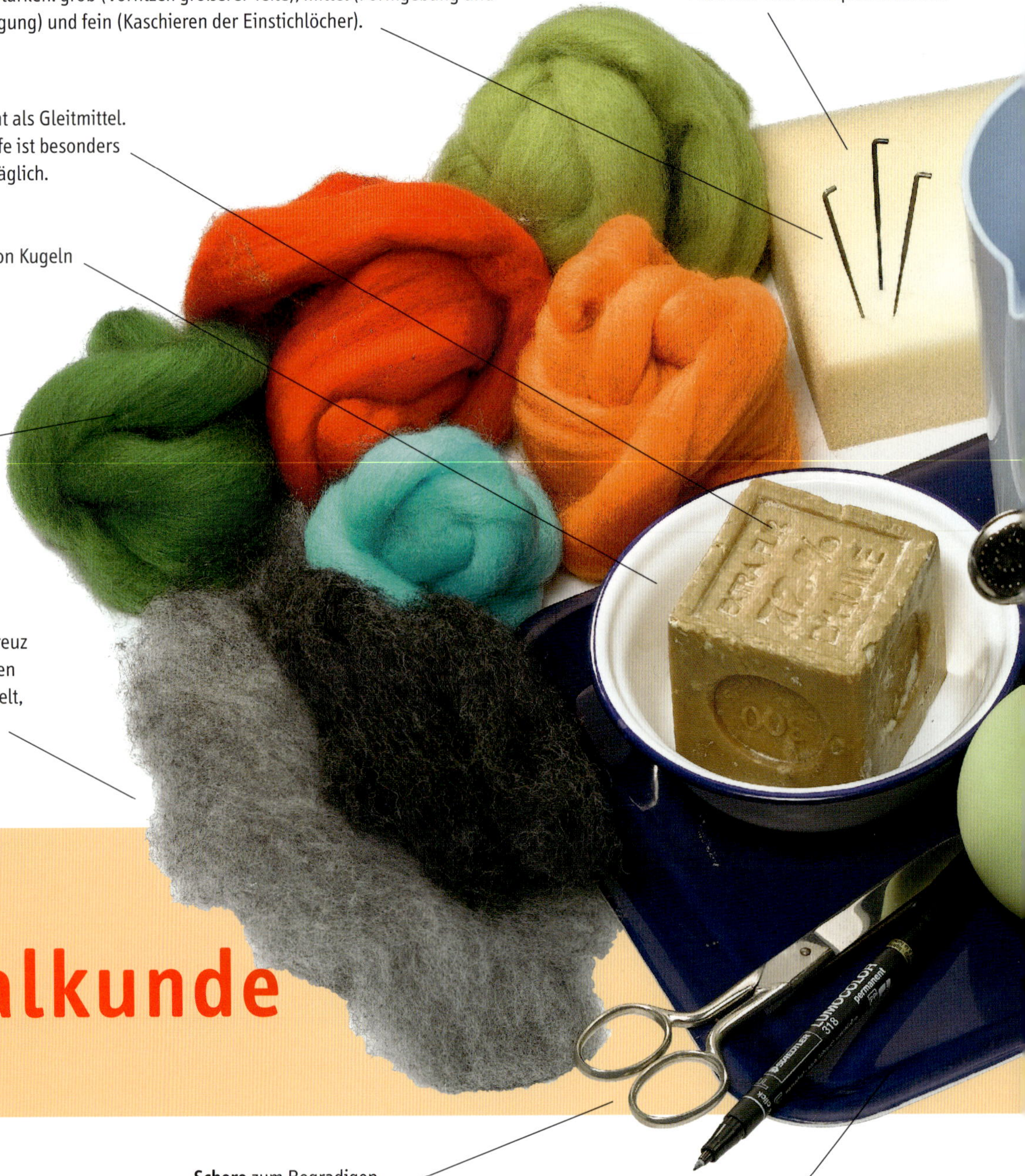

Filznadeln zum Trockenfilzen oder Ausbessern beim Nassfilzen. Es gibt sie in drei Stärken: grob (Vorfilzen größerer Teile), mittel (Formgebung und Verfestigung) und fein (Kaschieren der Einstichlöcher).

Schaumstoffblock als Unterlage beim Nadelfilzen. Geeignet sind Reste vom Polsterer oder ein Spülschwamm.

Seife dient als Gleitmittel. Olivenseife ist besonders hautverträglich.

Schüssel zum Filzen von Kugeln und kleinen Formen.

Kammzug
Die Wolle lässt sich sehr fein und gleichmäßig zupfen und auslegen.

Wollvlies
Hier liegen lange und kurze Fasern kreuz und quer durcheinander. Vliese werden für den Verkauf zu einer Rolle gewickelt, das benötigte Stück wird abgerissen.

Schere zum Begradigen der Ränder und Zuschneiden von Schablonen.

Unterlage schützt vor „Überschwemmung". Das auslaufende Wasser kann gut aufgefangen und abgeschüttet werden.

Gefäß und Löffel zum Ansetzen der Seifenlauge.

Heißes Wasser zum Herstellen der Seifenlauge. Gerade am Anfang sollte die Temperatur gut handverträglich sein. Zum Nachwässern kann das Wasser richtig heiß sein, da es sich mit dem noch im Werkstück enthaltenen kalten Wasser mischt.

Handtuch zum Abtrocknen der Hände und Abnehmen von überschüssigem Wasser.

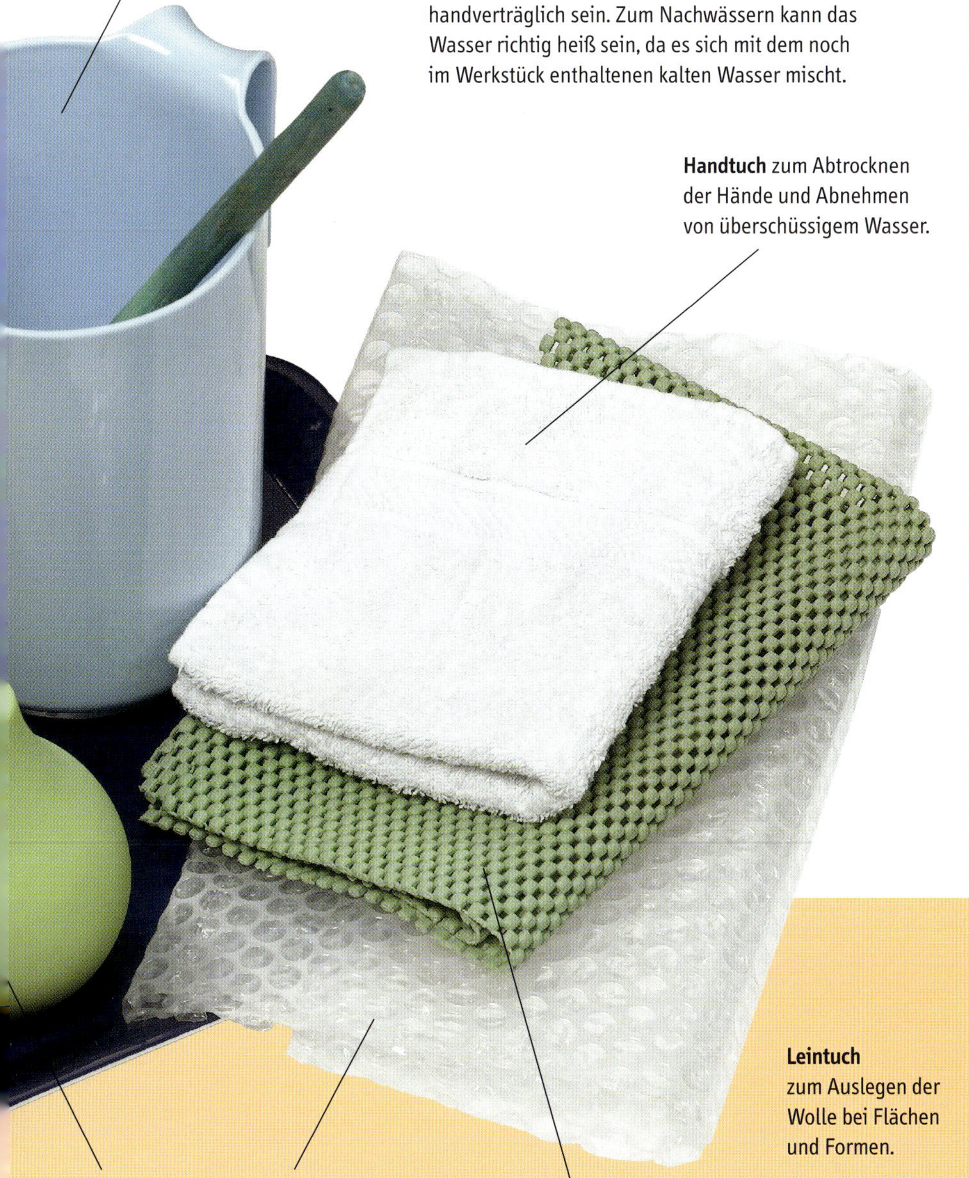

Leintuch zum Auslegen der Wolle bei Flächen und Formen.

Ballbrause oder Wäschesprenkler zum Nassmachen der ausgelegten Wolle.

Noppenfolie für den Schablonenzuschnitt und um größere Flächen beim Flächenfilzen einzurollen.

Antirutschmatte
Das Werkstück rutscht nicht weg beim Walken und Wasser wird in den Zwischenräumen aufgefangen. Die geriffelte Oberfläche beschleunigt den Filzvorgang.

TIPPS

- Die Filzarbeiten im Buch werden aus Merinowolle im Kammzug und Gotlandwolle im Vlies gearbeitet.
- Strangwolle (Kammzug) gibt es in unterschiedlichen Wollarten und einer breiten Farbpalette. Sie ist schon in kleinen Mengen pro Farbton erhältlich. Im Versandhandel werden 100 g pro Farbton angeboten, in Bastelläden oder im Direktverkauf auch kleinere Mengen.
- Wollvlies ist ungefärbt auch in kleinen Mengen erhältlich. Chemisch gefärbte Wollvliese bekommen Sie in einer breiten Farbpalette teilweise ab 500 g.
- Für kleine Formen kann als Unterlage ein Tablett oder Backblech verwendet werden, bei größeren Arbeiten eignen sich eine Autokofferraummatte oder Gartenfolie mit Druckknöpfen an den Ecken.
- Filzen mehrere Personen an einem Tisch, kann einfach mit einem Schlauch, Klebeband und Malerfolie eine Wanne gebaut werden.
- Jede Seife kann verwendet werden. Je nach Hautverträglichkeit mit Flüssig- oder Schmierseife arbeiten oder Seife raspeln und mit heißem Wasser ansetzen. Zur Hautschonung etwas Olivenöl zugeben.

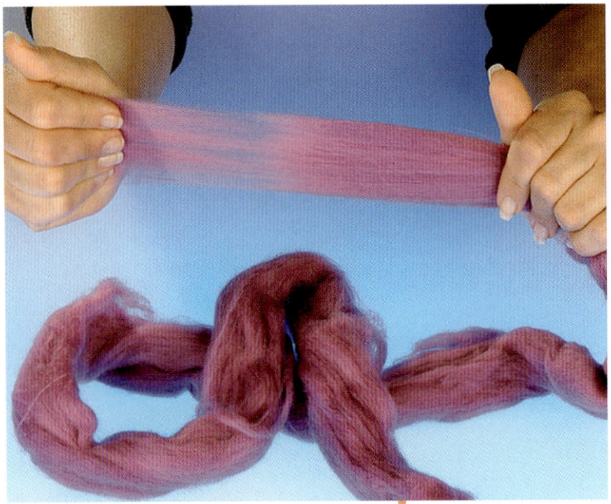

Kammzug auszupfen

Das A und O eines schönen Filzes ist das gleichmäßige Auslegen der Wolle. Beim Kammzug kann die Wolle nur gezupft werden, wenn der Halteabstand ca. anderthalb Wollhaarlängen beträgt (ca. 10 cm bis 15 cm). Zum Zupfen das ausgedünnte Strangende in einen Handballen legen und mit den Fingern der anderen Hand die Fasern herausziehen. Für eine Fläche diese Strähnen gleichmäßig in eine Reihe legen. Je mehr Wollschichten ausgelegt werden, desto dicker wird der Filz.

TIPP

Die Wolle darf nur mit trockenen Händen ausgelegt werden.

Restwolle schnell wieder an einen trockenen Platz legen!

Wollvlies abtrennen

Wollvlies von der Rolle abwickeln und in die gewünschte Größe und Form rupfen. Je nach Dicke des Vlieses noch eine zweite Lage auflegen. Achtung: Vlies ist oft unregelmäßig stark, an dünnen Stellen müssen noch Wollflocken aufgelegt werden.

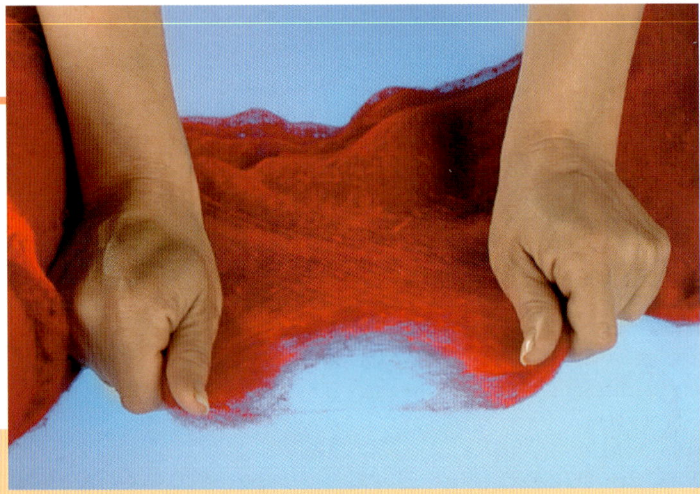

So wird's gemacht

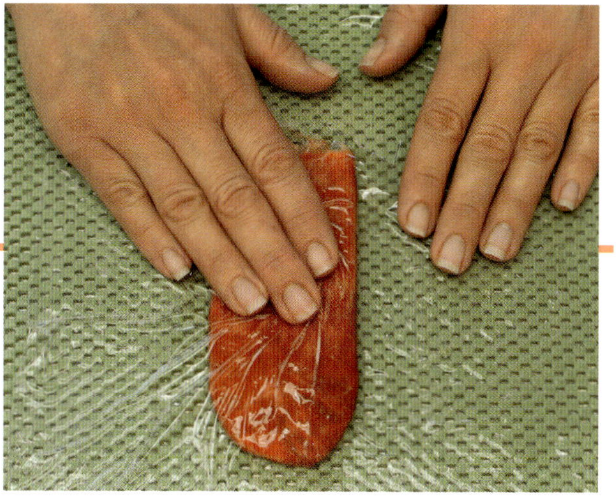

Filzen

Die ausgelegte Wolle durch vorsichtige, kreisende Bewegung anfilzen. Wichtig ist mit sanftem Druck von außen nach innen auf die Wolle einzuwirken. Die Fasern dürfen nicht verschoben werden! Zum einfacheren Anfilzen kann eine Folie auf das Arbeitsstück gelegt werden, diese verhindert das Verrutschen der Wolle und hält die Wärme länger in der Seifenlauge.
Während des Filzens den Druck langsam steigern; die Kraft sollte sich dem Grad des Durchfilzens anpassen. Immer nur soviel Druck auf die Wolle ausüben, dass sich die Wollfasern nicht verschieben. Beim Filzen immer von außen nach innen reiben, da sonst die Wolle nach außen getrieben wird und Löcher bzw. dünne Stellen entstehen.
Hat sich die Oberfläche verfestigt und lassen sich keine einzelnen Fasern mehr aus dem Filz ziehen, beginnt das Walken. Damit aber nicht zu früh anfangen, sonst wird die Oberfläche uneben! Zum Walken von Flächen die Filzarbeit in ein Lein- oder Handtuch einrollen und mit Druck ca. zwei Minuten vor und zurück rollen. Dann öffnen, die Arbeit um 90 Grad drehen und das Walken von dieser Seite wiederholen. So alle Seiten gleichmäßig bearbeiten, drehen und nochmals von allen Seiten gleichmäßig bearbeiten.
Bei anderen Filzarbeiten wie Bällen oder Schnüren wird das Objekt ohne weitere Hilfsmittel über eine Antirutschmatte gerollt.

Schrumpfmaß der Wolle

Wolle schrumpft beim Filzen, um wie viel kann mit dem Schrumpffaktor berechnet werden. Dafür Wolle auf einer Fläche von 30 cm x 30 cm auslegen und filzen. Misst die Fläche danach z. B. 20 cm x 20 cm, so lässt sich daraus der Schrumpffaktor berechnen: 30 : 20 = 1,5.
Mit dem errechneten Schrumpffaktor wird jedes gewünschte Endmaß multipliziert, um das Format für eine Schablone zu erhalten.

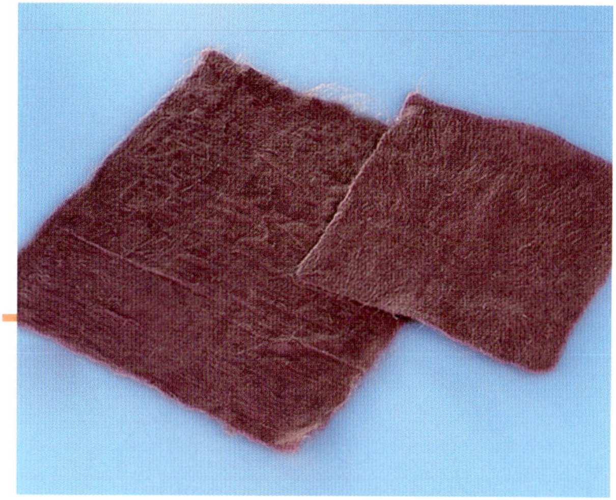

TIPPS

- **Feinfasrige Wolle geht mehr ein als grobfasrige und dick ausgelegte Wolle schrumpft schwächer als dünn ausgelegte.**
- **Auch die Filztechnik ist entscheidend: in der Matte gerollte Filzstücke gehen weniger ein als in Reibetechnik gefertigte. Im Handtuch gewalkte Stücke schrumpfen stärker als im Leintuch gearbeitete.**
- **Wolle geht immer in die Richtung ein, in die gewalkt wird, deshalb muss das Werkstück von allen Seiten gleichmäßig gefilzt und gewalkt werden.**

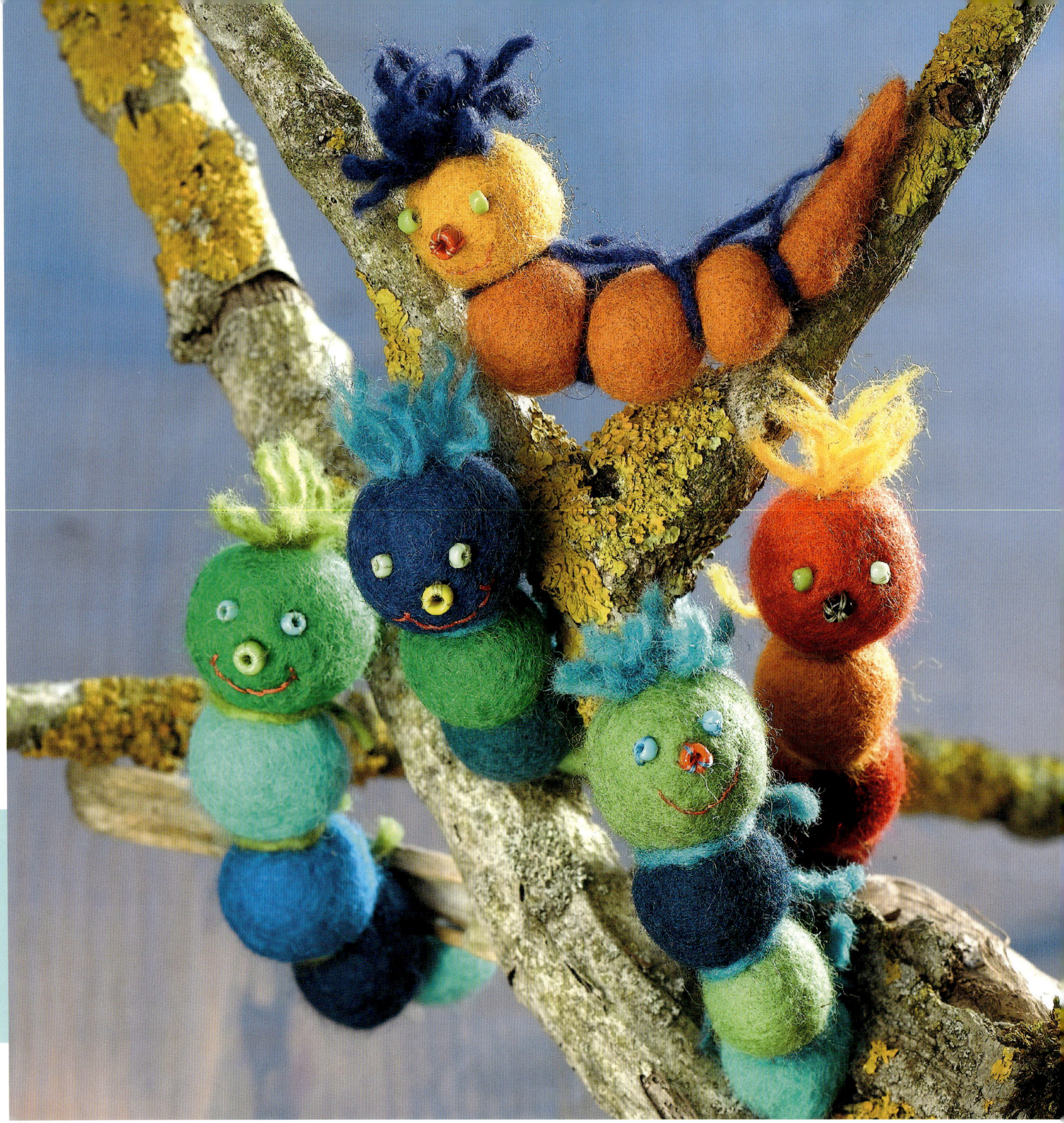

SCHWIERIG-KEITSGRAD
◎

ZEITAUFWAND
⏰⏰

KOSTEN
€

MOTIVGRÖSSE
ca. 9 cm

MATERIAL
- Merinowolle im Kammzug in beliebigen Farben, ca. 3 x 15 cm lang
- ganz dünner Strang Merinowolle im Kammzug in anderer Farbe, ca. 1 m lang
- Nadel und Nähgarn
- Rocailles, 2 x ø 2,2 mm (Augen) und 1 x 4 mm (Nase)
- Nähgarn in Rot (Mund)

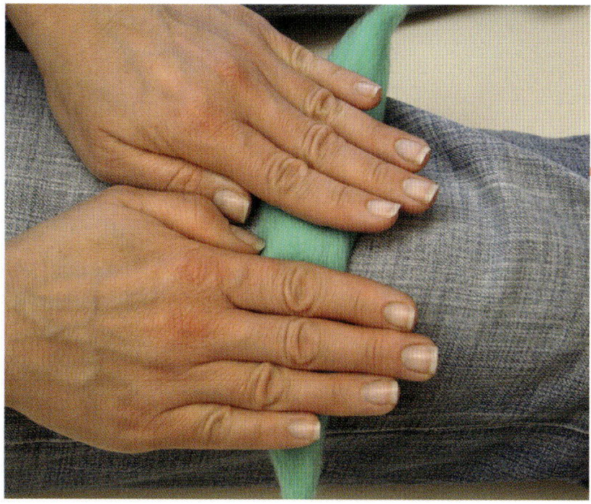

1 Um mehrere gleichfarbige Kugeln herzustellen, verwendet man als Grundform eine dicke Schnur. Vom Kammzug drei ca. 15 cm lange Stücke abtrennen. Die Wolle zum Vorformen auf einer trockenen Unterlage oder dem Oberschenkel hin und her rollen, so dass die Luft herausgedrückt wird.

2 Warme Seifenlauge auf die Antirutschmatte, nicht direkt auf das Arbeitsstück geben (sonst wird die Schnur wieder platt). Die vorgeformte Schnur mit wenig Druck hin und her bewegen, bis sie vollkommen nass ist. Dann kann der Druck stetig erhöht werden, aber nur soweit, dass die Form erhalten bleibt.

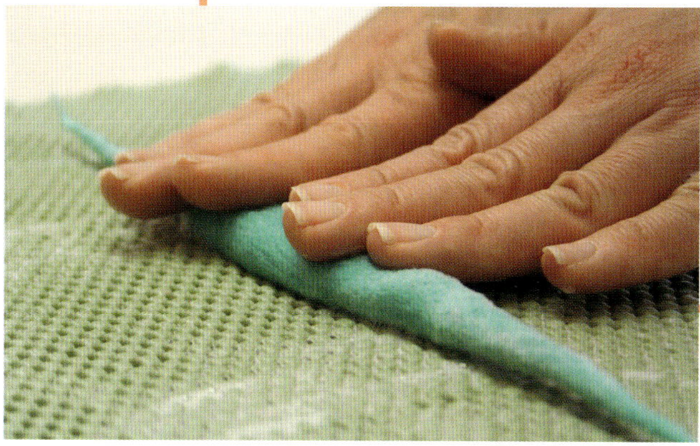

Freundschaftswürmer

DIE WÜRMER BESTEHEN AUS LAUTER KLEINEN KUGELN. JE MEHR KINDER MITFILZEN, DESTO BUNTER WERDEN SIE.

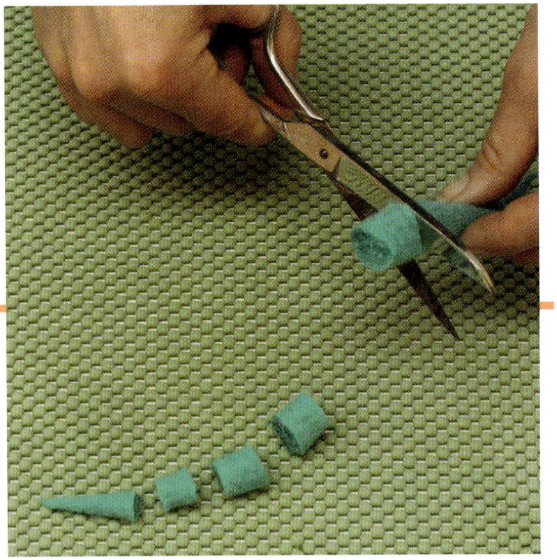

3 Die Schnur ganz fest filzen und dann in Stücke schneiden, deren Länge dem Durchmesser der Schnur entspricht.

4 Die Stücke auf der Antirutschmatte durch kreisende Bewegung zu Kugeln filzen. Auch die Endstücke der Schnur werden als Schwanzenden kreisend mitgefilzt.

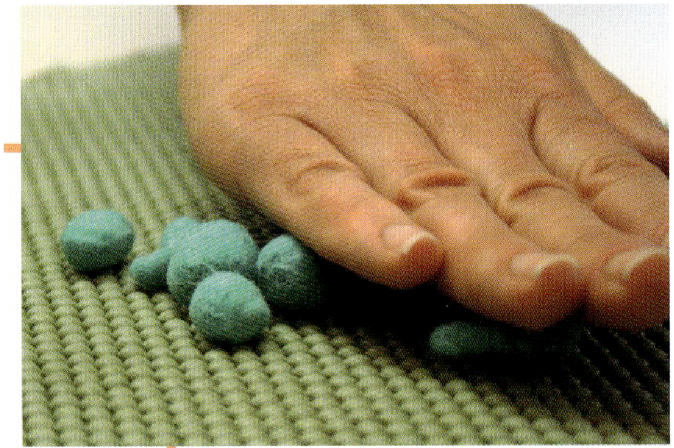

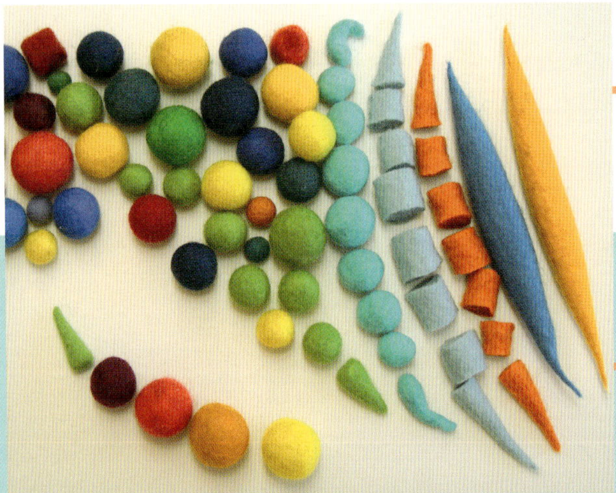

5 Sind die Kugeln fertig gefilzt, kann die große Freundschaftstauschaktion beginnen. Für jeden Wurm benötigt man vier Kugeln und ein Endstück.

6 Aus einer dünnen Strähne (halbe Bleistiftstärke) eine Schnur filzen. Für die Haare und zum Abbinden zwischen den einzelnen Körperteilen werden jeweils etwa 5 cm Schnur benötigt.

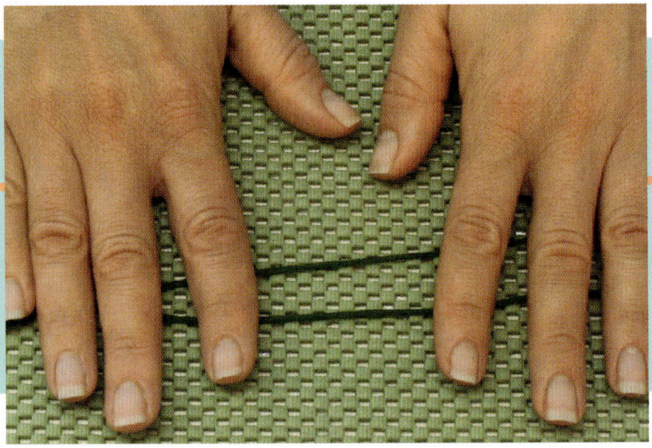

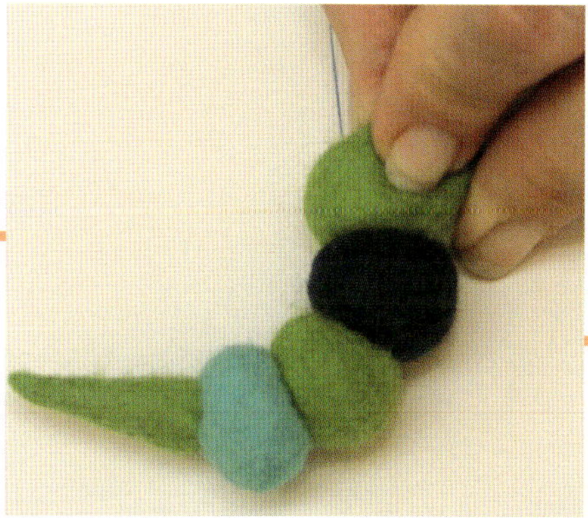

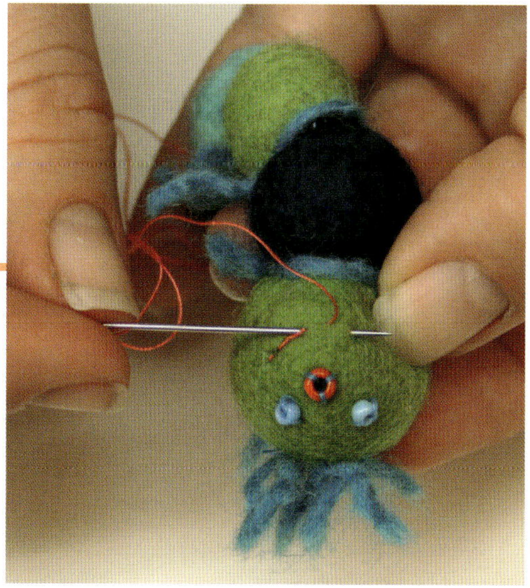

8 Den Rest der Schnur in ca. 4 cm lange Stücke schneiden und diese auf der Antirutschmatte walken, damit die Schnittstellen verfilzen. Dann als Haare annähen. Für die Augen zwei kleine Glasperlen, für die Nase eine große Glasperle aufsetzen. Jeweils farblich passendes Nähgarn verwenden. Den lachenden Mund mit rotem Garn im Steppstich nähen.

7 Die Kugeln mit Nadel und Faden vom Kopf aus in Richtung Schwanz zusammennähen. Dann den Faden sehr straff vom Schwanz bis zum Oberkopf durch alle Kugeln ziehen und ihn vernähen. Dadurch entsteht die Biegung des Wurms. Zwischen die einzelnen Wurmglieder Schnurstücke binden.

Bunte Einsiedlerwürmer – sie werden aus nur einem Strang gefilzt, da sie sonst nicht in die Häuschen passen – haben sich ein neues Zuhause gesucht: kleine Schneckenhäuser. Diese können nach Belieben umfilzt werden, dafür etwas Wolle auf ein Häufchen zupfen, damit das Schneckenhaus einpacken und in Seifenlauge tauchen. Beim Filzen darauf achten, dass die Öffnung nicht zugefilzt wird. Diese schön ausformen, indem man die Wolle beim Filzen so weit wie möglich nach innen drückt.

… Variante

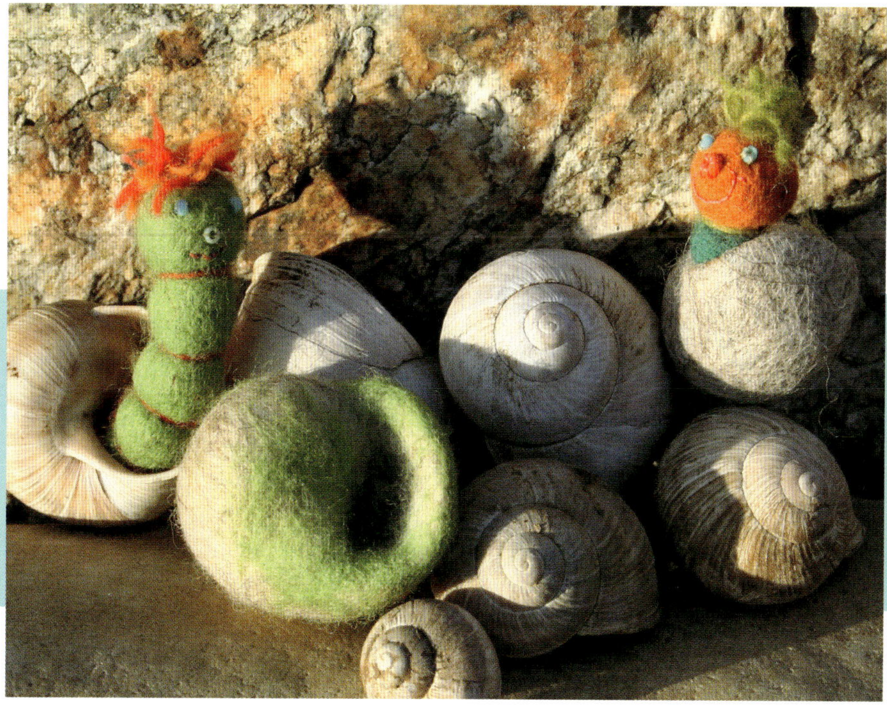

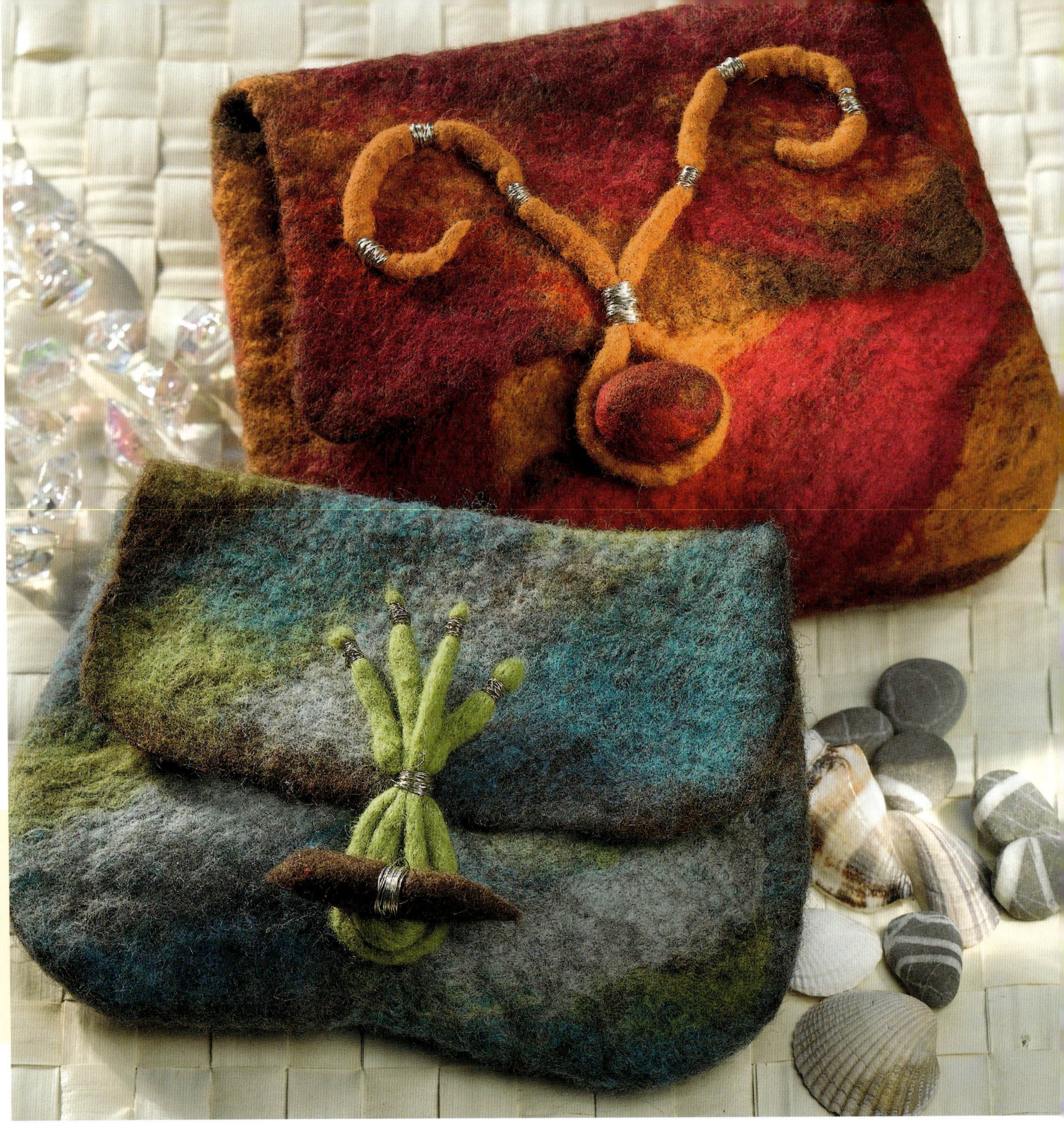

SCHWIERIGKEITSGRAD

ZEITAUFWAND

KOSTEN
€€€

MOTIVGRÖSSE
ca. 12,5 cm x 16 cm

MATERIAL
- Merinowolle im Kammzug in Braun, 25 g-30 g
- fingerdicker Strang Merinowolle im Kammzug in Grün, 40 cm lang
- ein paar bunte Wollflocken
- Silberdraht, ø 0,3 mm
- Noppenfolie für Schablone, 21 cm x 29,7 cm (A4)

Täschchen

DIE TASCHE WIRD MITHILFE EINER SCHABLONE NAHTLOS GEFILZT UND MIT BUNTEN SCHNÜREN VERZIERT.

TIPP

In der Schrittanleitung sehen Sie die Anfertigung der blauen Tasche. Die rote wird ebenso gefilzt, erhält allerdings eine Filzkugel als Knopf. Wie Filzkugeln aus einer Schnur gemacht werden, sehen Sie auf Seite 9 und 10.

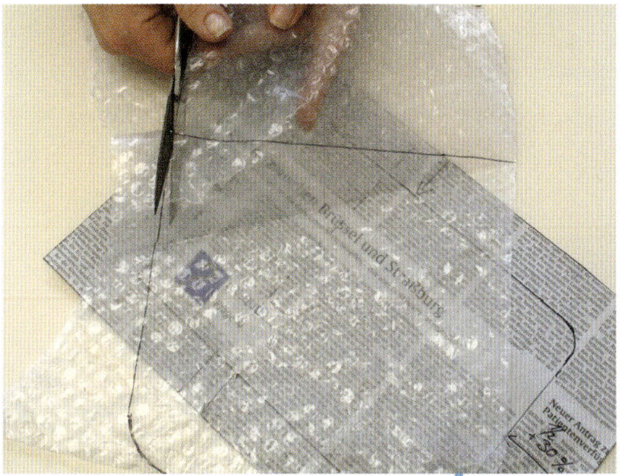

1 Die Tasche wird in der Schablonentechnik erstellt. Dafür von dem Noppenfolienrechteck die Ecken an einer Seite abrunden. Die Folie ist ca. 30 Prozent größer als die fertige Tasche, da die Wolle beim Filzen schrumpft. Das obere Drittel der Schablone ergibt den Überschlag, der Rest die Tasche.

2 Eine Antirutschmatte und darauf ein Leintuch (mindestens doppelt so groß wie die Schablone) auf die Unterlage legen. Die Schablone platzieren und dünne bunte Wollflocken darauf verteilen.

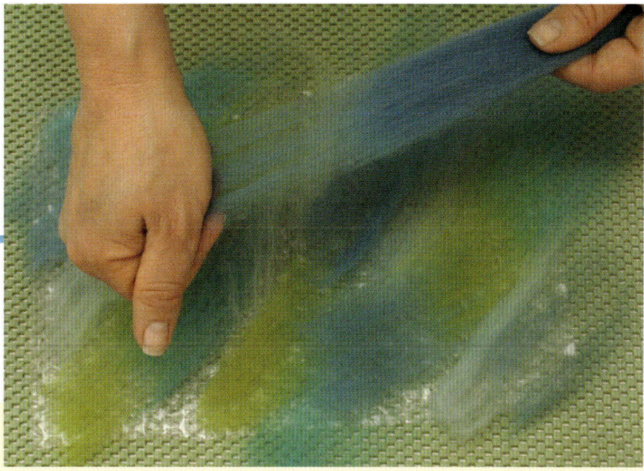

3 Nun die Wolle auflegen. Die einzelnen Wollsträhnen dachziegelartig übereinander legen. Am Taschenkörper die gezupften Wollfasern über den Schablonenrand legen, am Überschlag links im Bild bündig mit der Schablone.

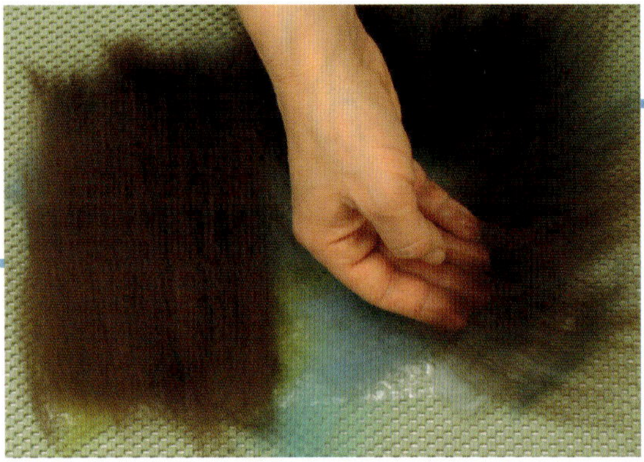

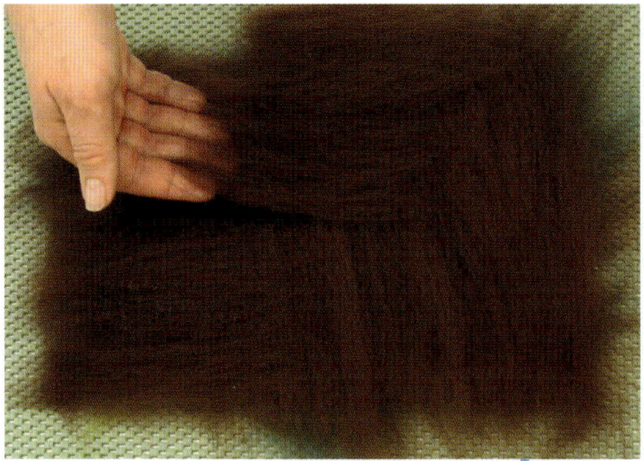

4 Dann kreuzweise eine zweite Lage Wolle auflegen.

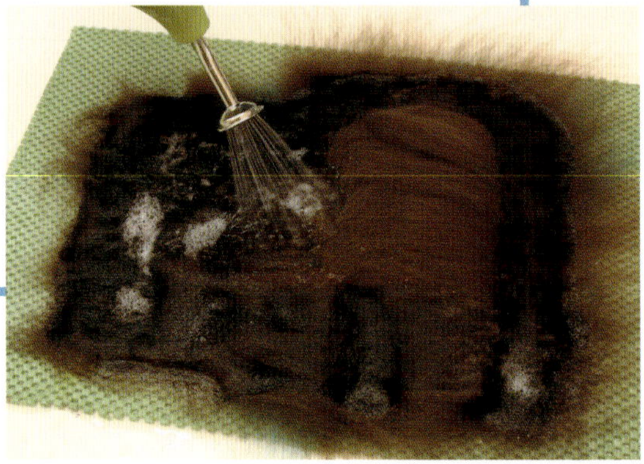

5 Die ausgelegte Wolle von außen nach innen mit heißer Seifenlauge befeuchten, die überstehenden Fasern nicht befeuchten. Mit nassen, seifigen Händen die Luft aus den Wollschichten drücken.

6 Die Wolle in leichten, kreisenden Bewegungen anfilzen. Zum Anfilzen kann eine Folie verwendet werden. Diese auf das Arbeitsstück legen und mit Seifenlauge befeuchten. Den über die Schablone hinausragenden Rand nicht filzen!

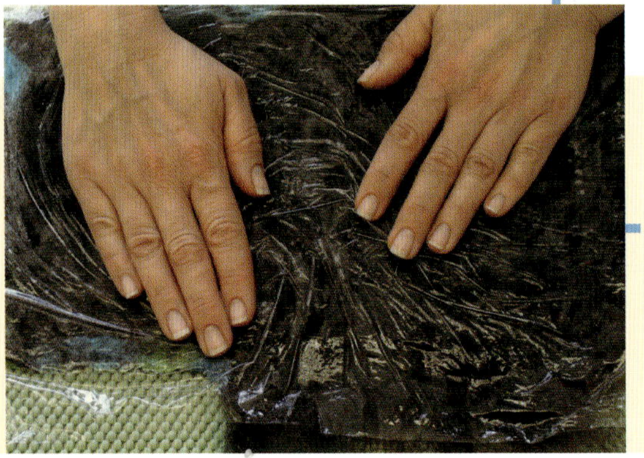

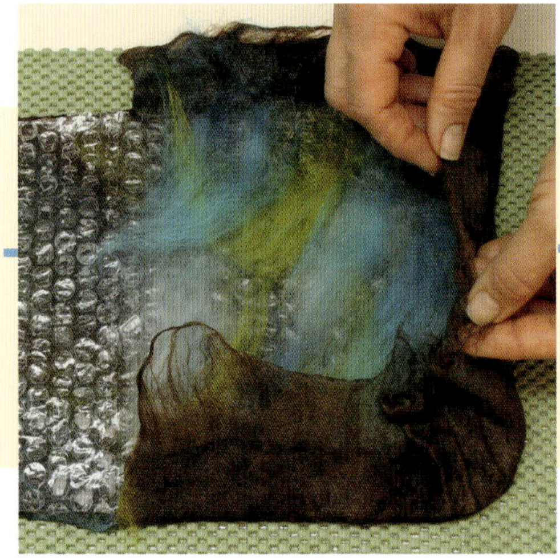

7 Das Arbeitsstück wenden, sodass die Schablone oben liegt. Bunte Wollfasern auf den Taschenkörper legen. Dann die überlappende Wolle um den Schablonenrand einschlagen, befeuchten und die entstandenen Falten glatt zupfen.

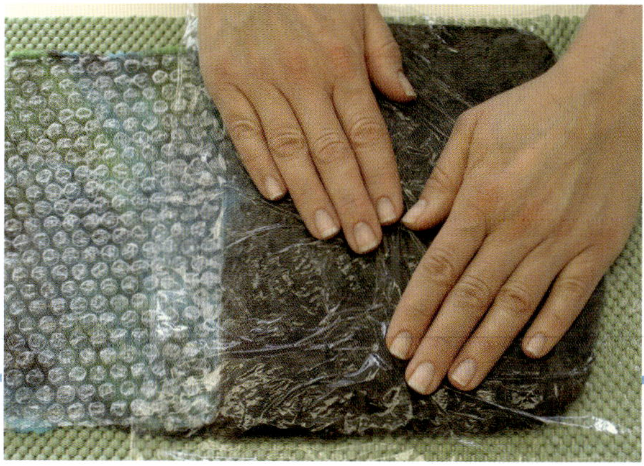

8 Anschließend den Taschenkörper mit Wolle auslegen, der Taschenüberschlag bleibt frei. Wieder zwei Lagen Wolle auflegen. Dieses Mal die Wolle aber nur bis zum Schablonenrand auslegen (sonst kann eine Wulstbildung entstehen). Erneut mit einer aufgelegten Folie anfilzen.

9 Hat sich die Wolle so weit verfestigt, dass sich keine Wollfasern mehr aus dem Arbeitsstück ziehen lassen, wird die Schablone entfernt und der Rand bearbeitet. Dafür eine Hand in die Tasche stecken, sie stützt von innen, und mit der anderen in kreisenden Bewegungen über den Rand reiben.

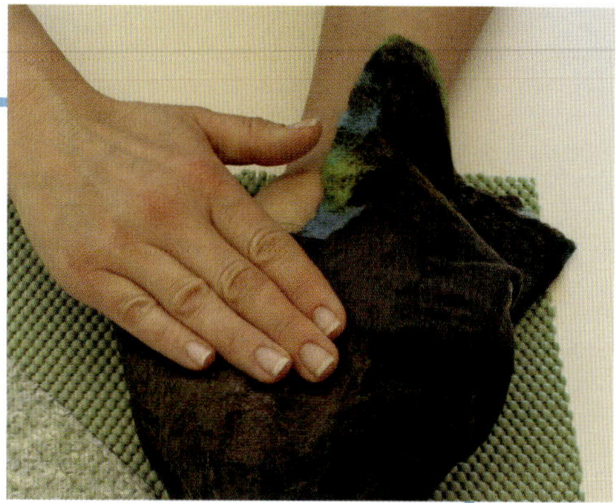

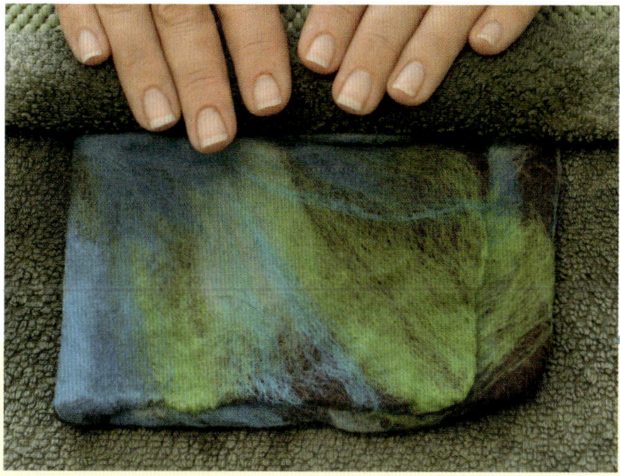

10 Die Tasche wenden. Den Überschlag zuklappen und die Tasche von allen Seiten im Handtuch walken, bis sie die richtige Größe hat. Wichtig ist, dass die Tasche vor jedem Einrollen wieder in Form gezogen wird. Dann auswaschen und trocknen lassen.

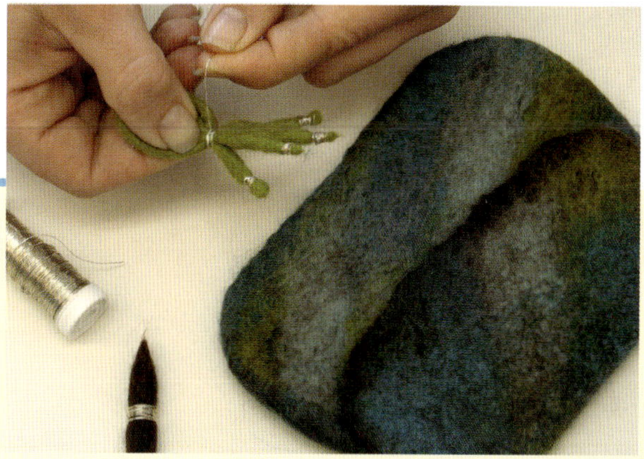

11 Aus dem grünen Kammzug eine Schnur filzen (siehe Seite 9), diese in der Mitte durchschneiden und die Schnittkanten nachfilzen. Die Enden mit Silberdraht umwickeln. Beide Schnüre zu einer Schlaufe legen und mit Silberdraht an der Verbindungsstelle umwickeln. Dann an die Tasche nähen. Als Knopf ein ca. 5 cm langes Stück Kammzug zur Schnur filzen und nach dem Trocknen mit Draht umwickeln und annähen.

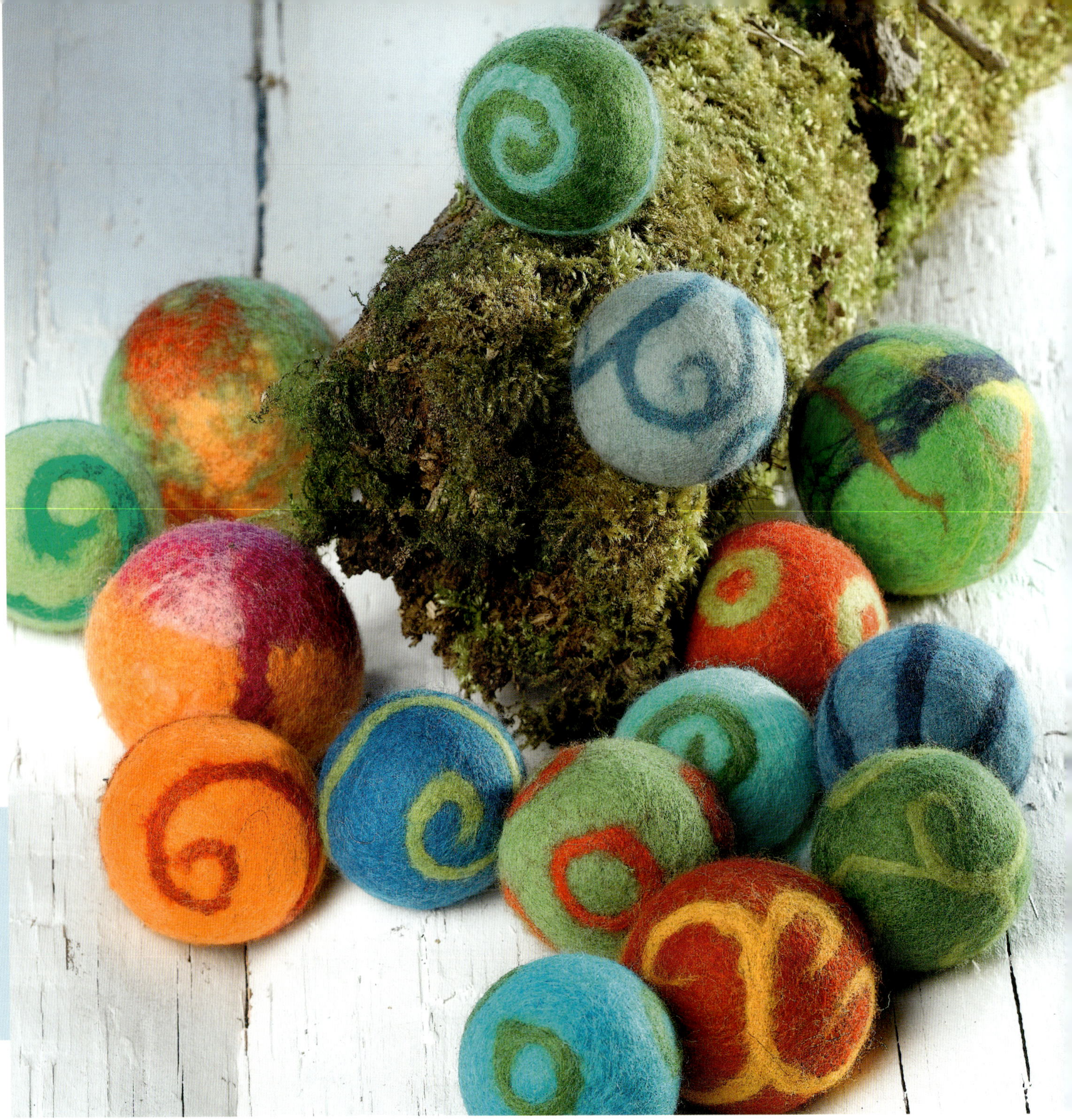

SCHWIERIG-
KEITSGRAD

ZEITAUFWAND

KOSTEN
€

MOTIVGRÖSSE
ca. 5 cm

MATERIAL PRO JONGLIER-BALL

- Merinowolle im Kammzug, ungefärbt oder Reste, ca. 15 g (Kern)
- Merinowolle im Kammzug in Rot, 6 g (Hülle)
- bleistiftstarken Strang Merinowolle im Kammzug in Orange
- Luftballon
- trockener Sand (Tierfutter-Abteilung), ca. 60 g
- mittlere Filznadel
- Trichter

TIPPS

Der Jonglierball – hier wird der rote vorne im Bild gefilzt – sollte der Größe der Kinderhand angepasst werden, für einen 12- bis 14jährigen ist er dann ca. 5 cm groß.

Jonglierbälle müssen schwer sein (ca. 80 g), damit sie gleichmäßig und kontrolliert geworfen werden können.

Anfängern fällt es leichter mit verschiedenfarbigen Bällen zu jonglieren.

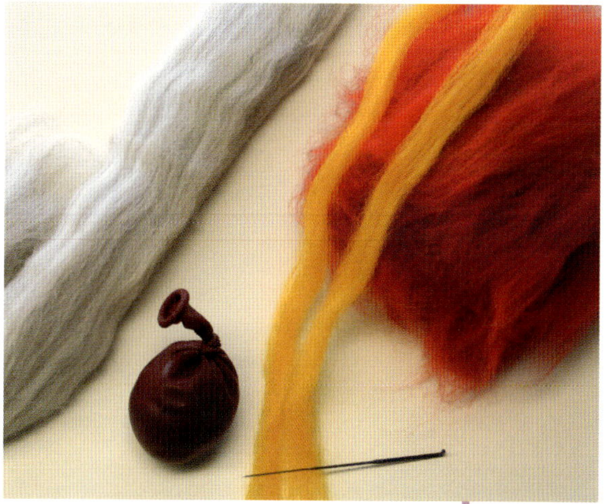

1 Alles vorbereiten: Den Luftballon mit Sand füllen (mit dem Trichter) und die rote Wolle an einem trockenen Platz zupfen. Filznadel und dünnen Wollstrang zum Verzieren bereit legen.

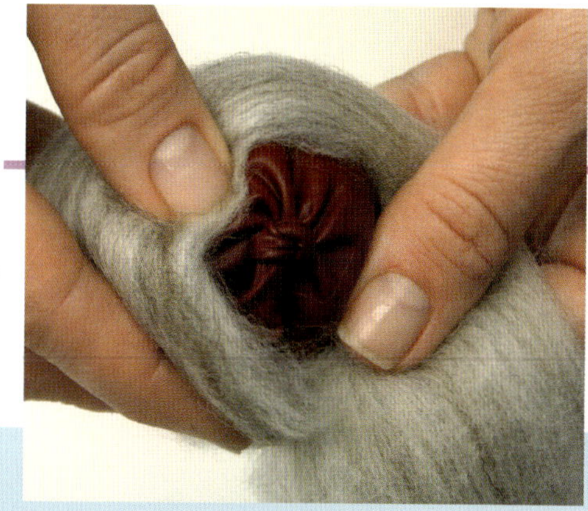

2 Den Strang Merinowolle – z. B. günstigere ungefärbte – um den Luftballon zu einem festen Knäuel wickeln. Dann in eine Schüssel mit Seifenlauge tauchen.

Bunte Bälle

DIE BUNTEN BÄLLE EIGNEN SICH HERVORRAGEND ZUM JONGLIEREN.

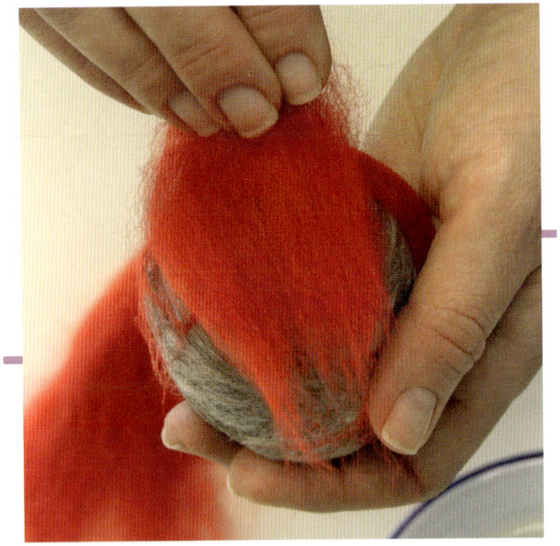

3 Die gezupfte farbige Wolle schichtweise um das Knäuel legen. Die einzelnen Schichten mit Seifenlauge nass machen, dazu mit einer Hand Wasser über den Ball schöpfen. Den ganzen Ball mit Wolle umlegen.

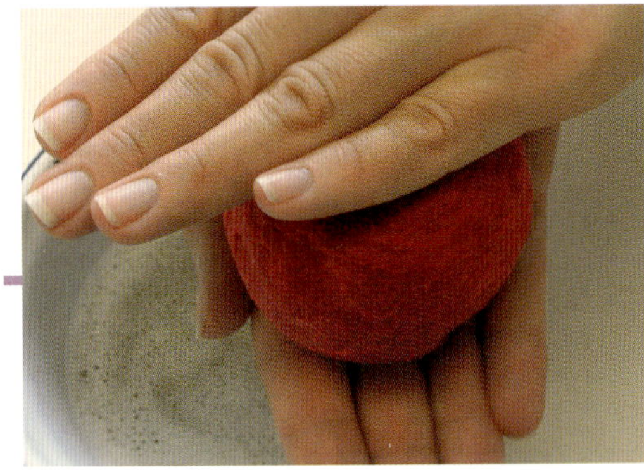

4 Die Wolle mit seifig-nassen Händen etwas anfilzen und in Form streichen.

5 Nun ein Muster – hier Spiralformen aufnadeln: Den dünnen Strang trockene Wolle in dem gewünschten Dessin aufgelegt und durch mehrfaches Einstechen mit der Filznadel Stück für Stück fixieren.

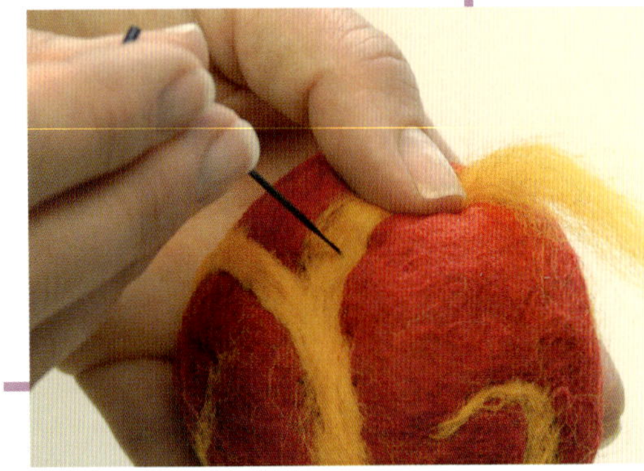

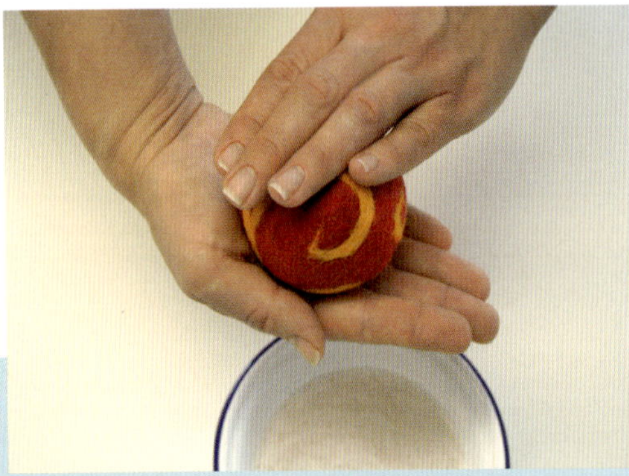

6 Den Ball wieder nass machen und mit seifig-nassen Händen mit leichtem Druck anfilzen. Dabei darauf achten, dass die Wollfasern nicht verrutschen und die Kugelform erhalten bleibt. Den Druck mit der Zeit erhöhen. Können keine einzelnen Fasern mehr herausgezogen werden, ist die Wolle angefilzt und das Durchfilzen beginnt.

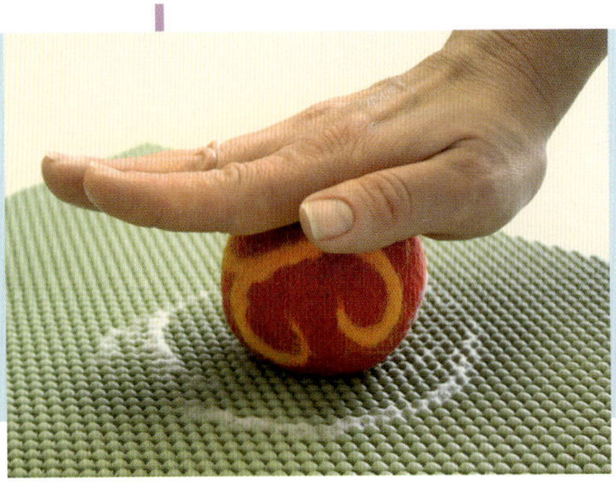

7 Zum Durchfilzen die Kugel auf der Antirutschmatte mit hohem Druck so lange rollen und drücken, bis sie fest ist. Den fertigen Ball auswaschen und zum Trocknen auf ein Handtuch legen.

Dieser Jonglierball ist mit vielen bunten Wollresten gestaltet.

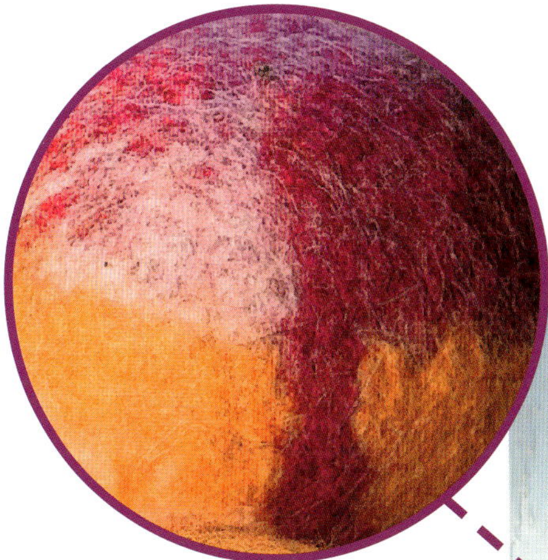

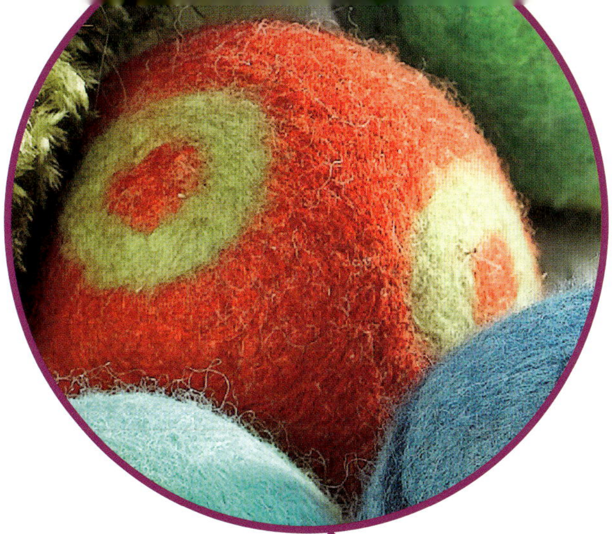

Für ein Kringelmuster eine dünne Wollsträhne um zwei Finger wickeln, die Enden verzwirbeln und den Ring aufnadeln.

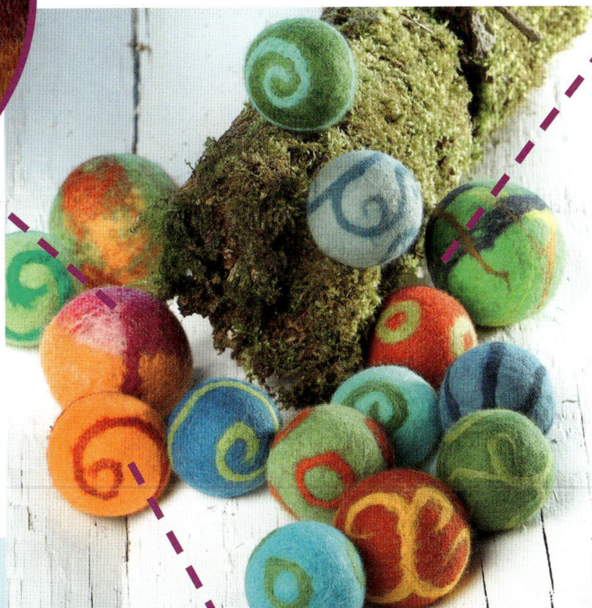

... im Detail

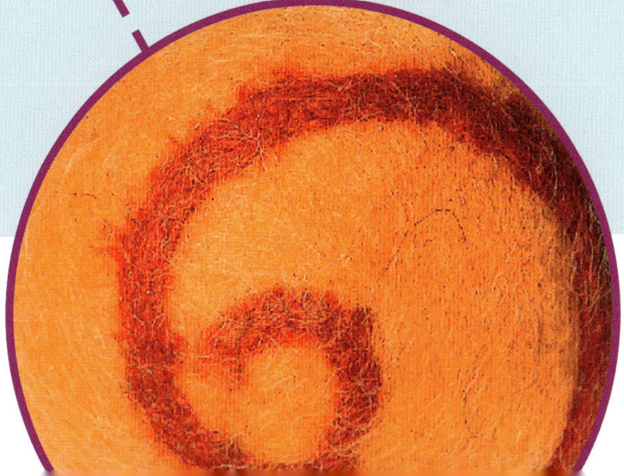

Um Muster oder den eigenen Namen aufzubringen, sollte die Filznadel – wie in der Anleitung links gezeigt – verwendet werden. Durch das anschließende Nassfilzen entstehen sanfte Übergänge und Löcher von Nadeln verschwinden.

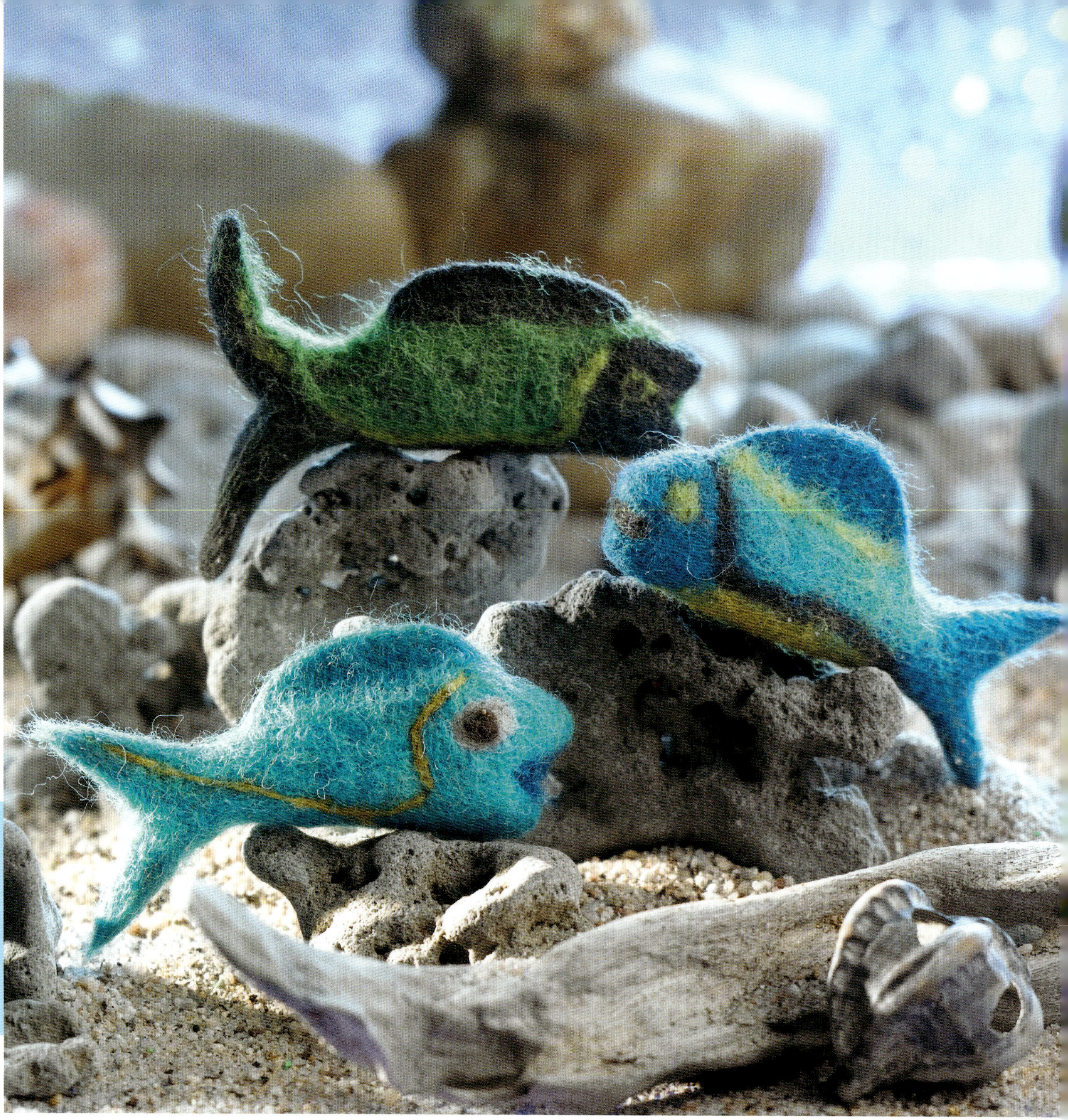

SCHWIERIGKEITSGRAD
🌀

ZEITAUFWAND
⏰⏰

KOSTEN
€

MOTIVGRÖSSE
ca. 7 cm

MATERIAL PRO FISCH
- Merinowolle im Kammzug in Blau, ca. 5 g
- etwas Merinowolle im Kammzug in verschiedenen Farben (Muster)

TIPPS

Für das Filzen mit der Nadel die Filznadel und eine Schaumstoffunterlage bereit legen. Die Filznadel hat an der Spitze kleine Widerhaken, die beim Einstechen die einzelnen Wollfasern in das Arbeitsstück ziehen, wodurch sie mit der Zeit verfestigt werden. Es gibt drei Stärken: „dick" zum groben Vorfilzen größerer Teile, „mittel" für die Formgebung und „fein" zum Kaschieren der Einstichlöcher. Die Filznadel kontrolliert und gerade führen, da sie sonst leicht abbricht oder sich verbiegt.

Durch ein Ausstechförmchen wird die Grundform vorgegeben. Zusätzlich ist durch die Umrandung die Verletzungsgefahr etwas gebannt. Nach genauer Einweisung können auch Kinder im Kindergartenalter mit Nadel und Förmchen filzen.

1 Das Ausstechförmchen auf die Schaumstoffunterlage legen und gleichmäßig randhoch mit Wolle ausfüllen.

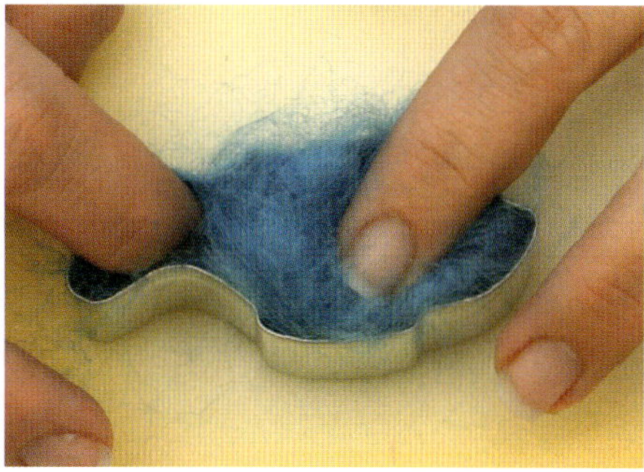

2 Mit der einen Hand die Ausstechform auf der Unterlage halten, mit der anderen Hand die Filznadel führen. Gleichmäßig verteilt über die Fläche einstechen.

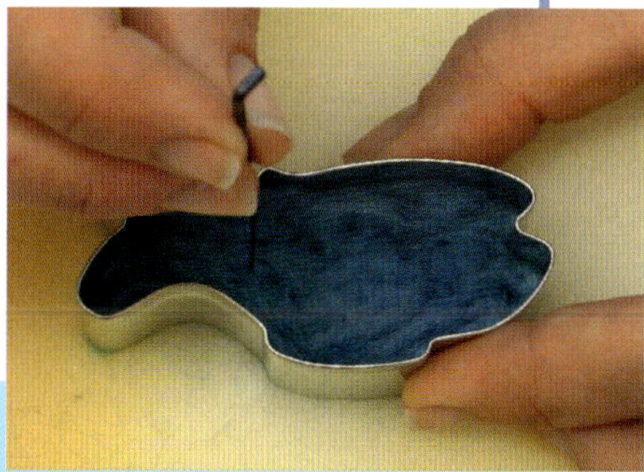

Genadelte Fische

DIE FISCHE WERDEN MITHILFE VON AUSSTECHFÖRMCHEN UND DER FILZNADEL ANGEFERTIGT.

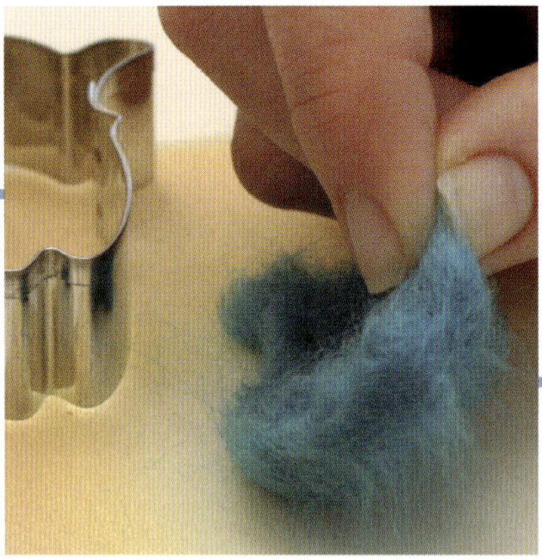

3 Das Werkstück wenden: die Form entfernen, die Wolle sachte von der Schaumstoffunterlage lösen, die Form wieder auf die Unterlage setzen und das Werkstück umgedreht hineinlegen. Wieder nadeln, dann abermals wenden.

4 Um eine plastische Form zu erhalten, nun gezielt Wolle aufbauen: beim Fisch ist der Körper dicker als die Flossenpartie, dafür aus ein paar Wollfasern einen Bausch formen und am Körper aufnadeln. Je nach Form wird beidseitig Wolle aufgebaut. Für eine schöne Formgebung am Rand häufiger einstechen.

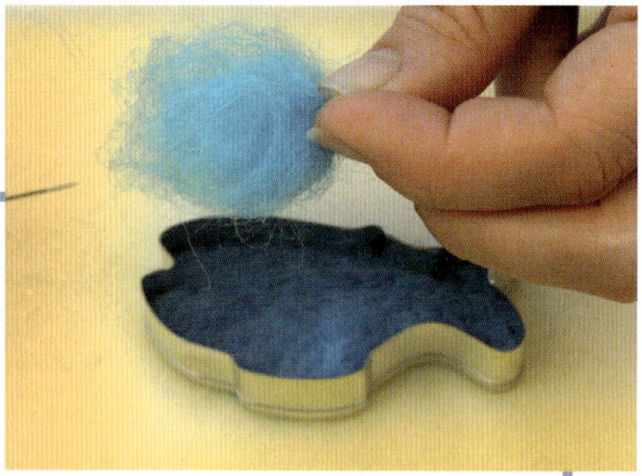

5 Ist die gewünschte Grundform aufgebaut und die Wolle verfestigt, den Ausstecher entfernen und das Werkstück mit seitlichen Nadelstichen bearbeiten.

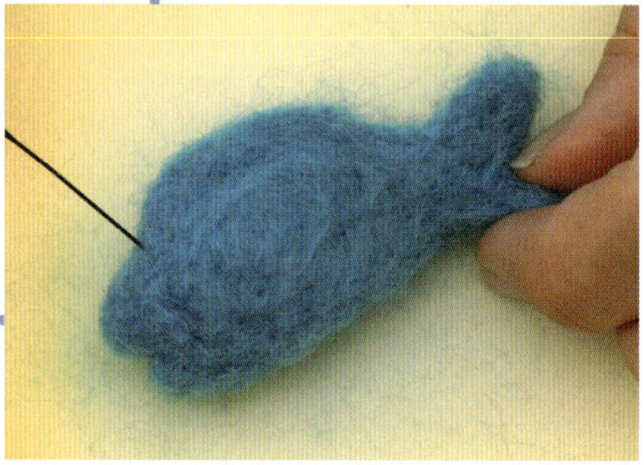

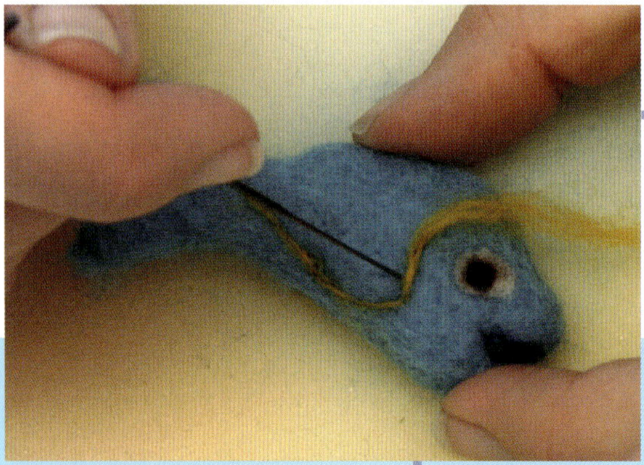

6 Mit kleinen, andersfarbigen Wollflocken gezielt Muster aufnadeln.

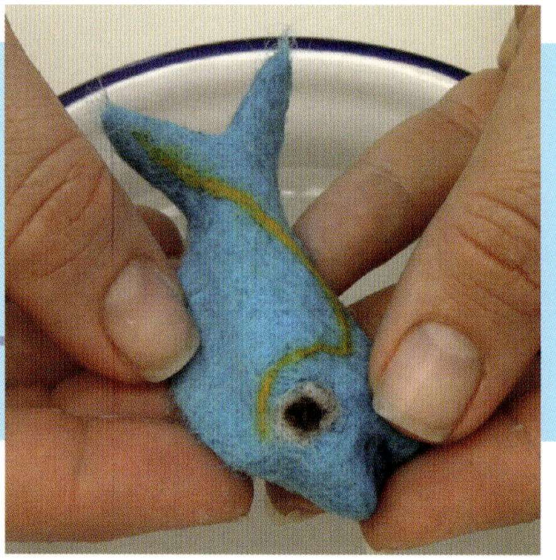

7 Die Form mit warmem Seifenwasser und seifigen Händen nass nachfilzen. Dadurch verschwinden zu große Einstichlöcher und die Form kann durch gezieltes Reiben individuell gestaltet werden. Diese Dekorationsstücke nicht auswaschen, die Wolle erhält durch die enthaltene Restseife einen Mottenschutz.

TIPP

Filzen Sie immer auf der Unterlage, nicht in der Hand. Mit der spitzen Nadel kann man sich anderenfalls leicht verletzen.

Den Herzen rechts haben ebenso Ausstechförmchen die Form gegeben. Die gefilzten Kunstwerke können mit Schätzen aus der Natur (Steine, Muscheln, Stöckchen, etc.) lose in einer Schale oder auf dem Tisch dekoriert werden. Schön sind sie auch an einem Perlonfaden aufgereiht oder zu einem Mobile verarbeitet. Auch ganz viele andere Formen wie Sterne, Blumen, Teddys oder sogar Seepferdchen können mit Ausstechern gestaltet werden.

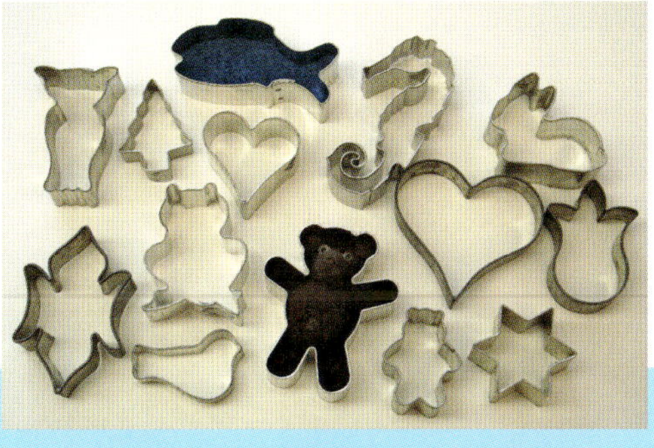

... Variante

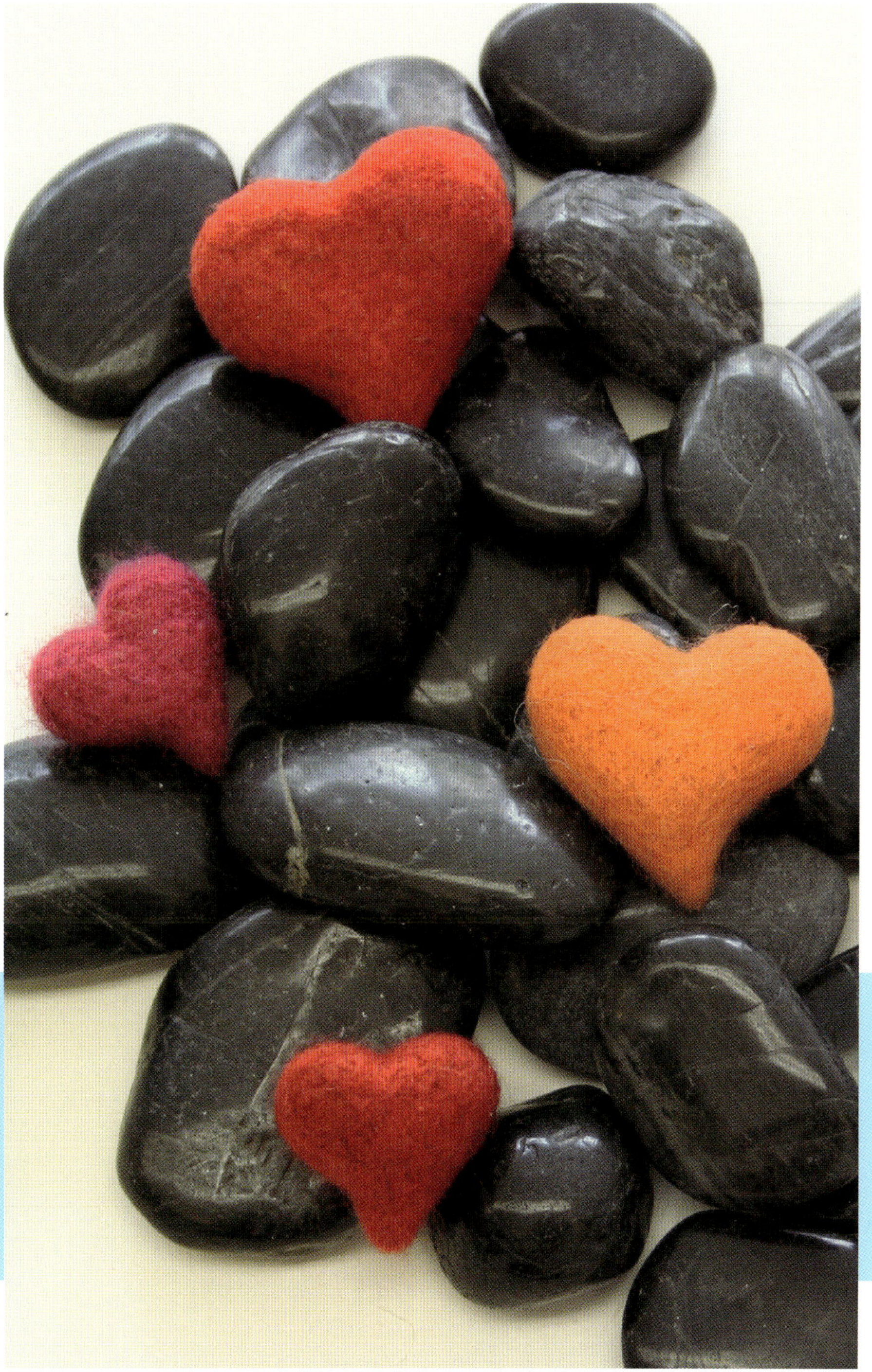

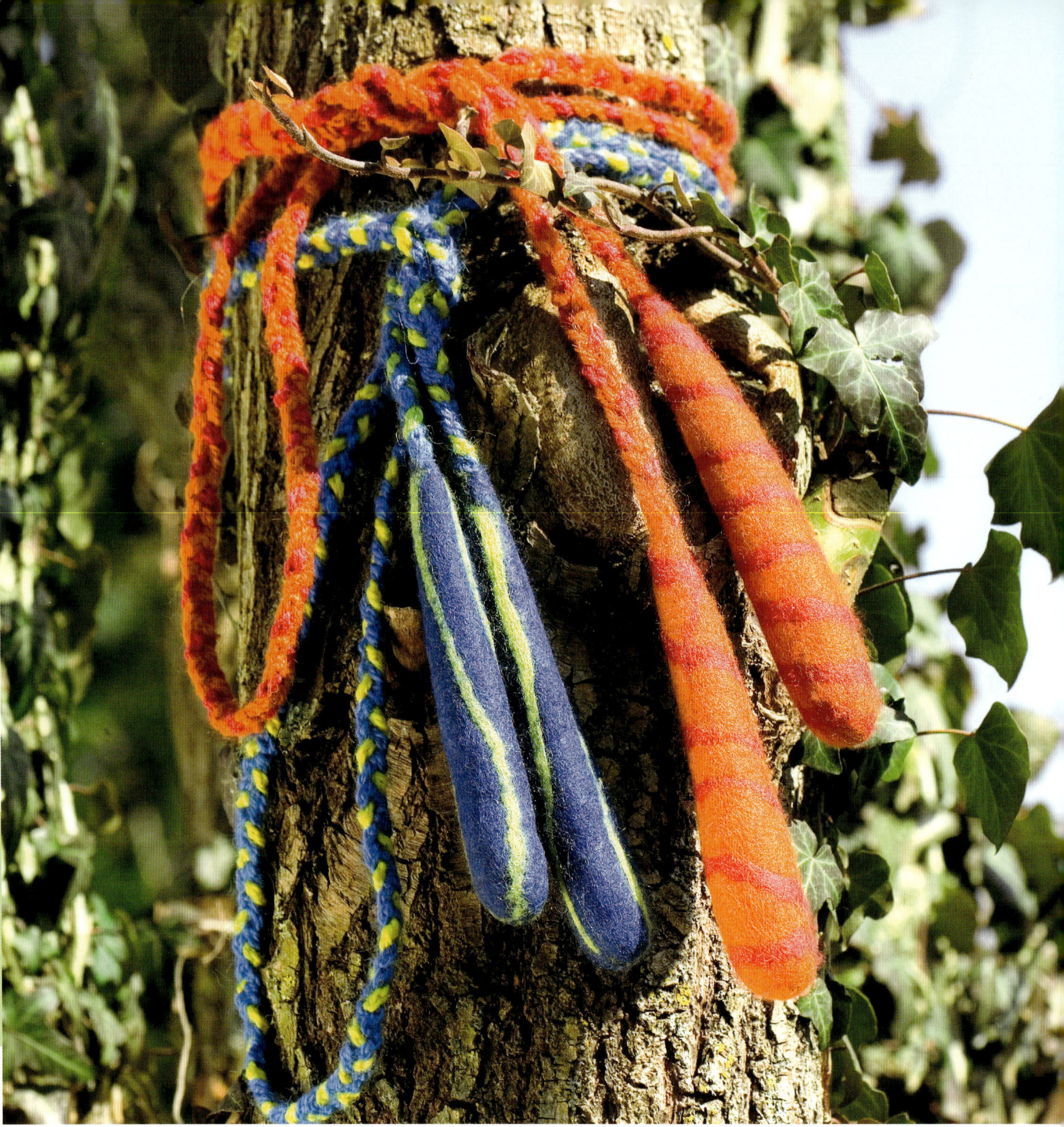

SCHWIERIGKEITSGRAD
OO

ZEITAUFWAND
⏰⏰⏰

KOSTEN
€€€

MOTIVLÄNGE
Griff ca. 13 cm

MATERIAL
- dickes, glattes Wollgarn (oder Wollgemisch) in zwei Farben
- Merinowolle im Kammzug in Blau oder Rot, ca. 25 g
- Rest Merinowolle im Kammzug in Gelb oder Pink
- dicke Häkelnadel

2 Die drei Luftmaschenketten an einem Ende verknoten und flechten. Dabei wird die Kette kürzer (bei 2 m sind es ca. 30 cm). Das geflochtene Seil noch einmal hinsichtlich der benötigten Länge überprüfen und ggf. kürzen.

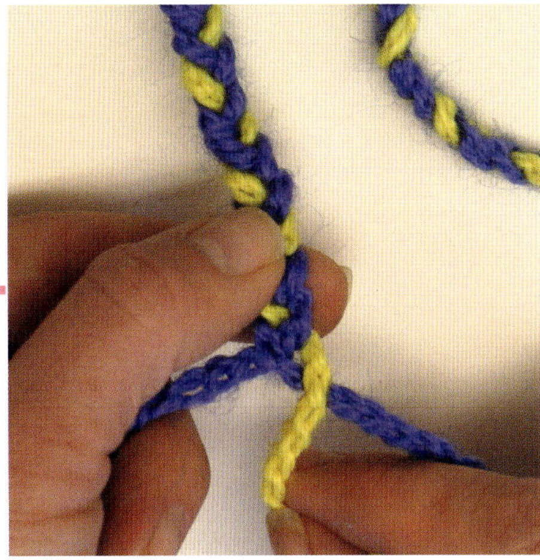

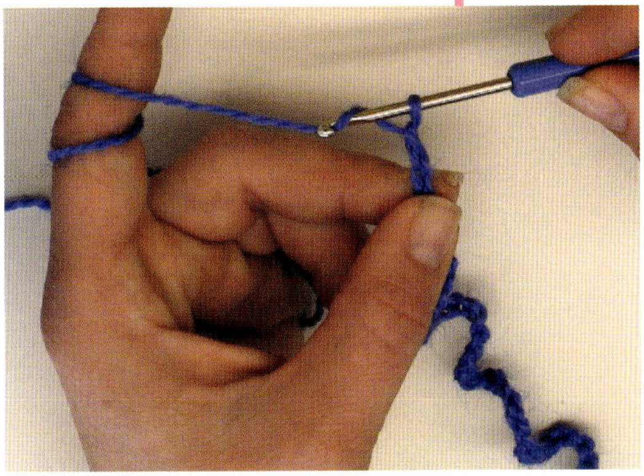

1 Grundschulkinder können mit der Häkelnadel häkeln, Kleinere häkeln mit den Fingern (siehe Tipp Seite 27): Den Faden von hinten nach vorne über die Nadel legen (umschlagen) und durch die auf der Nadel liegende Schlinge ziehen. So drei 2,50 bis 3 m lange Luftmaschenketten häkeln.

TIPP

Ein Springseil sollte gut und gleichmäßig schwingen, das ergibt sich durch das Gewicht des Seils. Die Länge muss auf die Körpergröße abgestimmt sein: Steht man hüftbreit auf dem Seil, sollen die Enden in den Händen bis knapp über den Beckenknochen reichen.

Springseil

DAS SEIL WIRD GEHÄKELT, DIE GRIFFE WERDEN GEFILZT. SO MACHT SPORT DOPPELT SPASS!

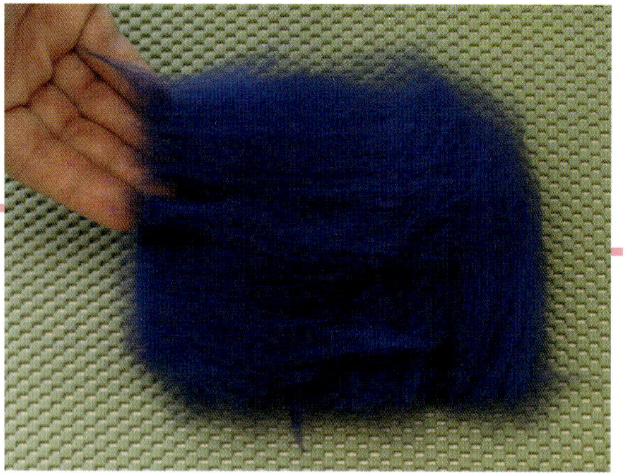

3 Die Merinowolle in Grifflänge vierlagig auslegen.

4 Das Seilende auf die ausgelegte Wolle legen und einrollen.

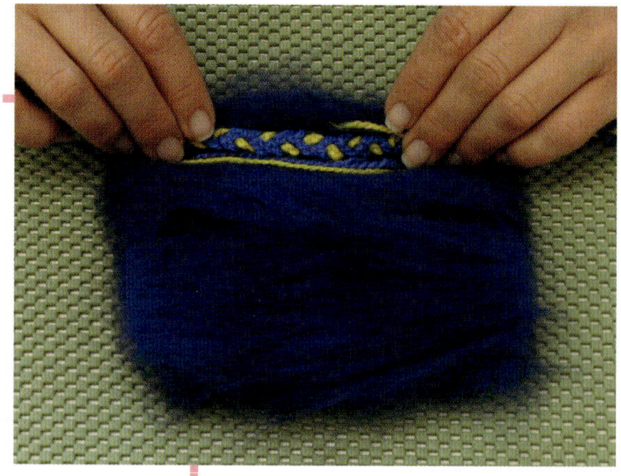

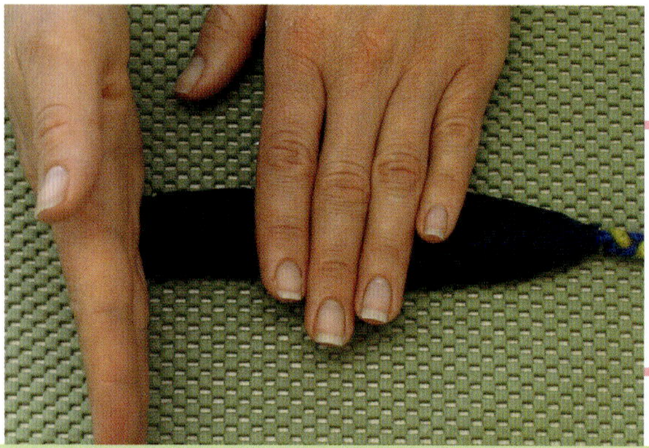

5 Auf die Unterlage in Grifflänge Seifenlauge sprühen, den Griff durch das Wasser rollen, anheben und in die gleiche Richtung nochmals rollen, bis die Wolle richtig nass ist. Durch Hin- und Herrollen die Wolle leicht anfilzen. Dabei eine Hand an das Griffende halten, so dass die Wolle nicht über das Seil rutscht und eine Kegelform entsteht.

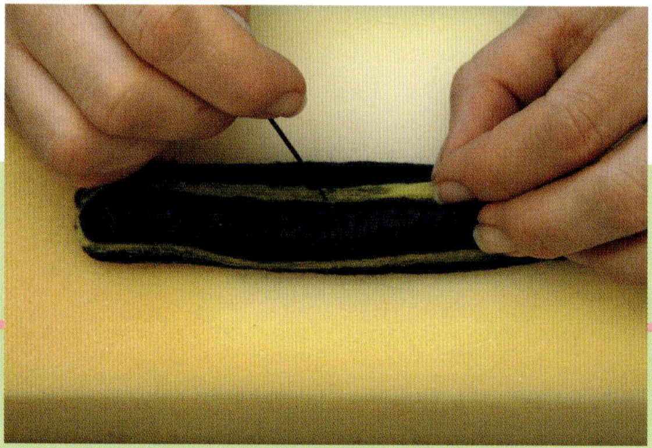

6 Auf die nasse Wolle das gewünschte Muster auflegen und mit einer mittleren Filznadel fixieren (siehe Tipp Seite 21). Auf einer Schaumstoffunterlage nadeln.

7 Die Griffe wieder mit Seifenlauge nass machen und mit seifigen Händen anfilzen. Wenn sich die aufgenadelte Wolle mit der restlichen Wolle verbunden hat, den Griff auf der Antirutschmatte durch Vor- und Zurückbewegen fertig filzen. Ebenso am anderen Seilende verfahren. Auswaschen und auf einem Handtuch trocknen lassen.

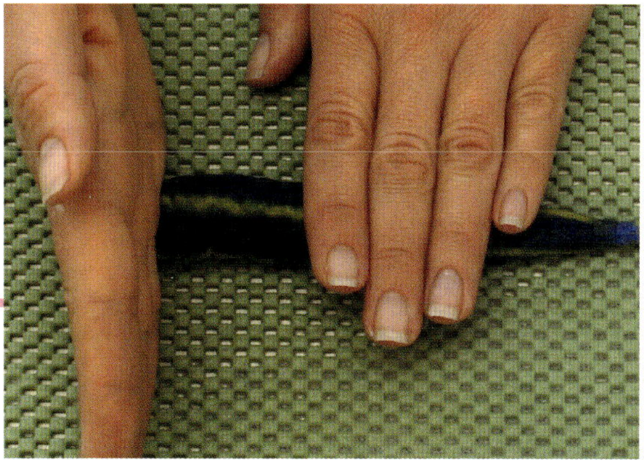

TIPP

Das Häkeln von Luftmaschenketten, vor allem, wenn es nur mit den Fingern ausgeführt wird, dient der Förderung der Feinmotorik. Fingerhäkeln macht Kindern schon im Kindergartenalter viel Spaß.

1 Anfangsmasche: Den Faden zwischen Daumen und Zeigefinger der linken Hand festhalten. Mit dem fortlaufenden Faden von rechts nach links eine Schlinge legen, so dass der fortlaufende Faden oben liegt. Den fortlaufenden Faden hinter die Schlinge legen. Von vorne die Finger in die Schlinge einführen, den Faden durchholen und die Schlinge festziehen.

2 Die jeweils letzte Masche zwischen Daumen und Zeigefinger der einen Hand festhalten, den Faden unter die Schlinge legen und ihn mit den Fingern der anderen Hand durchziehen. Den Vorgang wiederholen. Es entsteht eine immer länger werdende Schlinge, die nach zwei bis drei Maschen zusammengezogen werden muss.

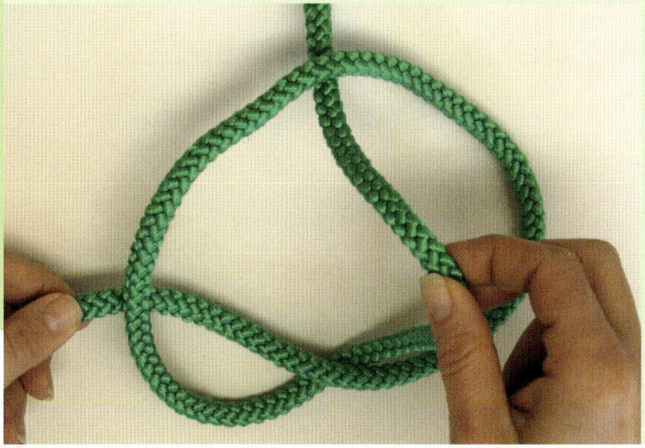

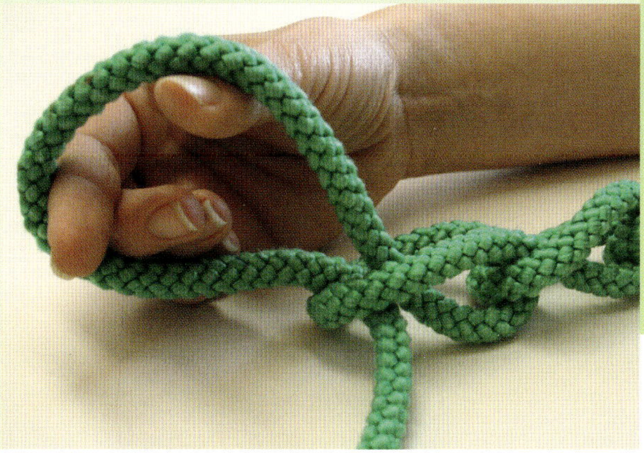

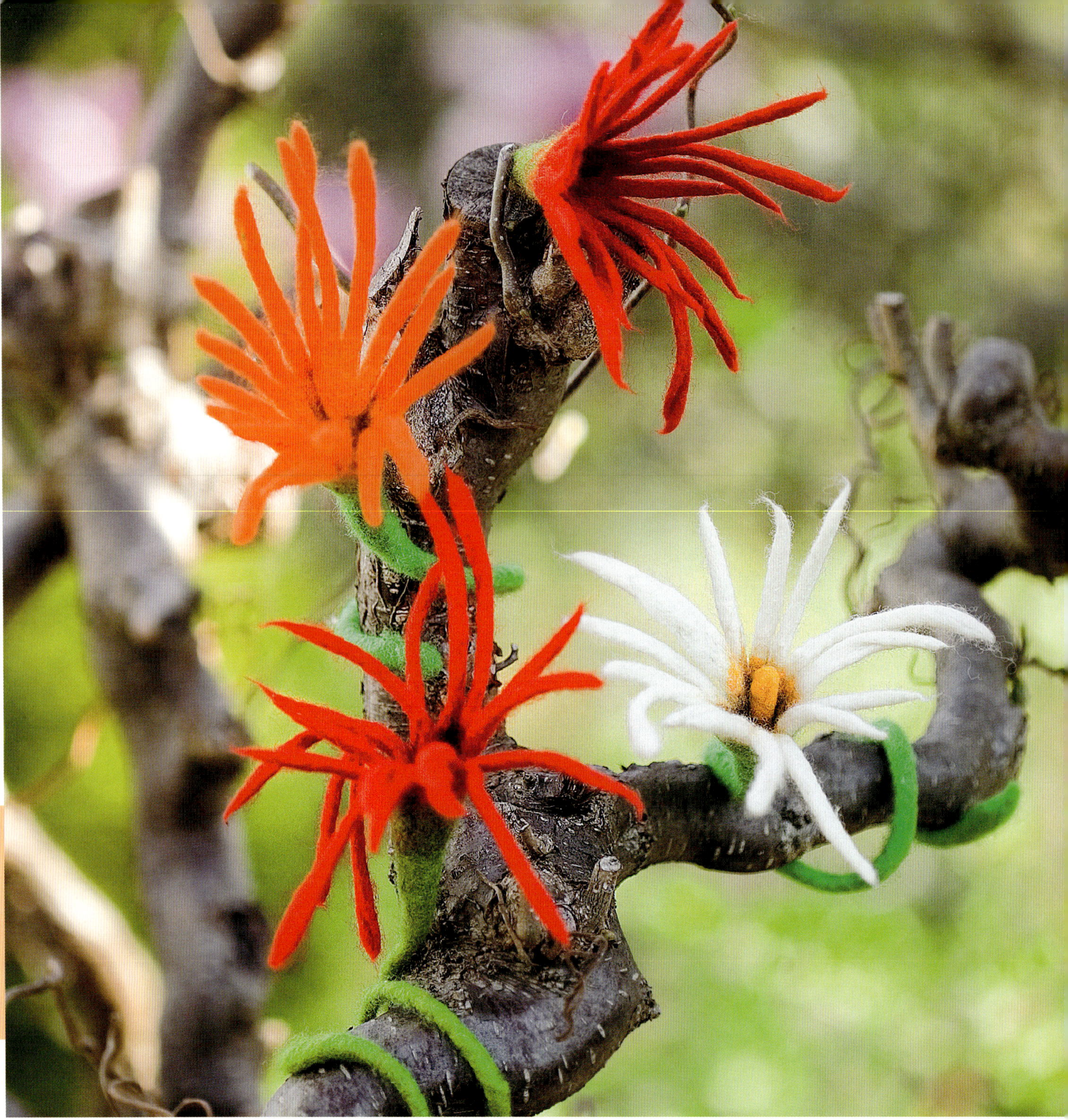

Schmucke Blumen

DANK DER DRAHTEINLAGE SIND DIE BLUMEN SCHÖNE SCHMUCKSTÜCKE, ABER AUCH ALS DEKO GEEIGNET.

SCHWIERIGKEITSGRAD

ZEITAUFWAND

KOSTEN
€ €

MOTIVGRÖSSE
ca. ø 10 cm

MATERIAL PRO BLUME
- Merinowolle im Kammzug in Rot, ca. 6 g, und etwas Braun
- Strang Merinowolle im Kammzug in Grün, ca. 60 cm lang, und kleiner Bausch
- dünner Strang Merinowolle im Kammzug in Gelb, ca. 15 cm lang
- kunststoffummantelter Draht, 25 cm lang (aus Elektrobedarf)
- Zange

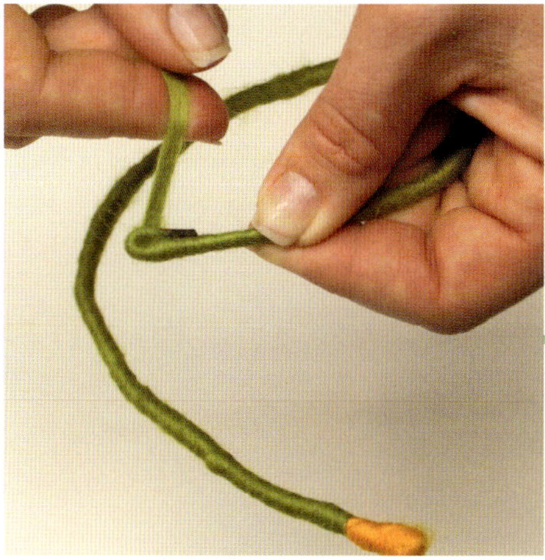

1 Für den Blütenstempel den Draht ca. 2 cm mit gelber Wolle umwickeln, dann mit einer Zange umbiegen und das Ende nochmals umwickeln. Das Umbiegen des Drahtendes verhindert, dass die Wolle beim Filzvorgang über den Draht wegrutscht. Über das gelbe Wollende mit dem grünen Strang weiter wickeln. So den ganzen Draht umwickeln. Das andere Ende wieder umbiegen und mit Draht umwickeln. Den Stiel beiseite legen.

Während des Nassmachens der Wolle können Sie das Filzen mit einem mongolischen Filzerspruch eröffnen:

Du, der du aus Lammwolle bist,
von zehn Fingern sorgfältig gelegt,
mit 1000 Wassertropfen bespritzt,
von starken Pferden auf Wiesen gewalkt,
du, teurer Schatz unseres Heimatlandes,
werde nicht löchrig wie ein Sieb,
werde so weiß wie Schnee,
so stark wie Stein,
so soll es sein.

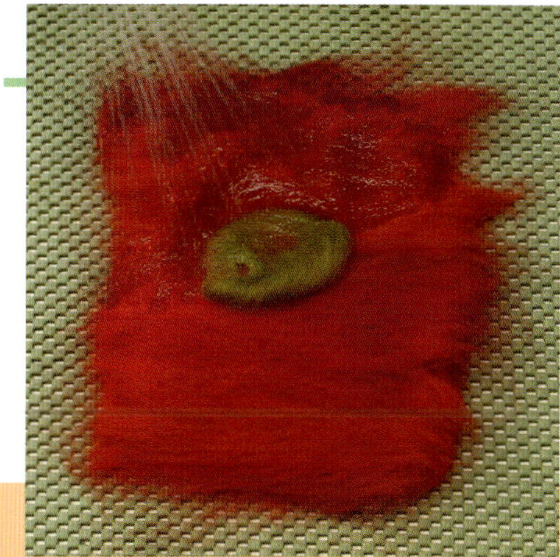

2 Für die Blüte Filzwolle auszupfen und eine zweilagige eckige Fläche, 12 cm bis 15 cm groß, auslegen (die Lagen kreuzweise aufeinander). In die Mitte den grünen Bausch für den Stielansatz legen und die Fläche mit Seifenlauge von außen nach innen nass machen.

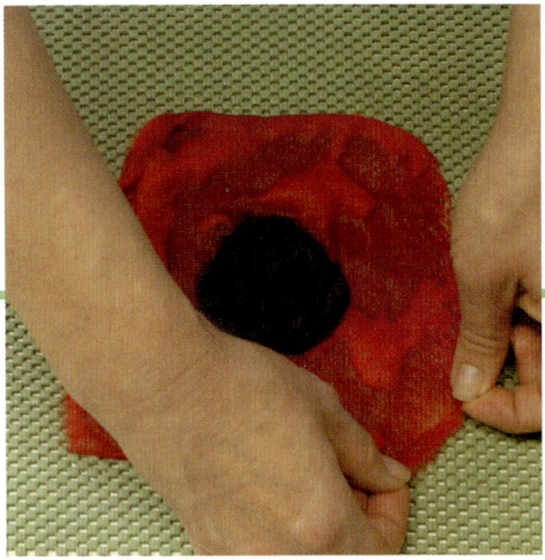

3 Mit seifigen Händen die Luft aus dem Arbeitsstück drücken und es mit Schwung wenden. Den braunen Bausch mittig auflegen und andrücken. Sind am Rand dünne Stellen sichtbar, wird der Rand leicht eingeschlagen und noch etwas Wolle aufgelegt.

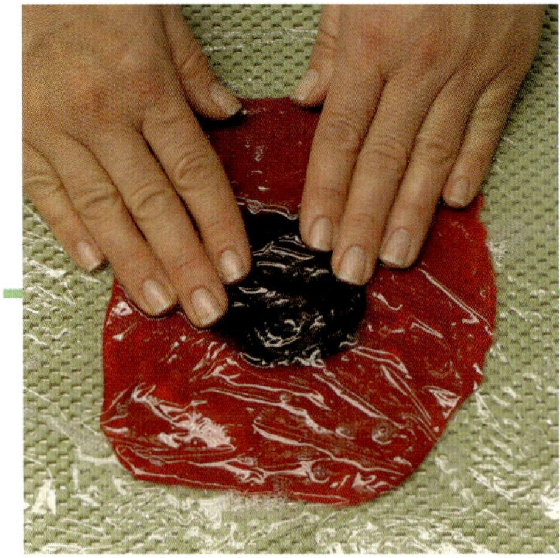

4 Die Wolle ggf. noch etwas nass machen, die Frischhaltefolie auflegen, mit Seifenlauge besprenkeln und mit kreisender Handbewegung die Fläche beidseitig anfilzen (zwischendurch wenden), bis sich keine einzelnen Wollfasern herausziehen lassen.

5 Nun mit der Schere bis zum grünen Stielansatz Strahlen schneiden. Zwischen den Einschnitten mindestens 5 mm Abstand halten, da die Blütenblätter sonst keinen Halt mehr haben.

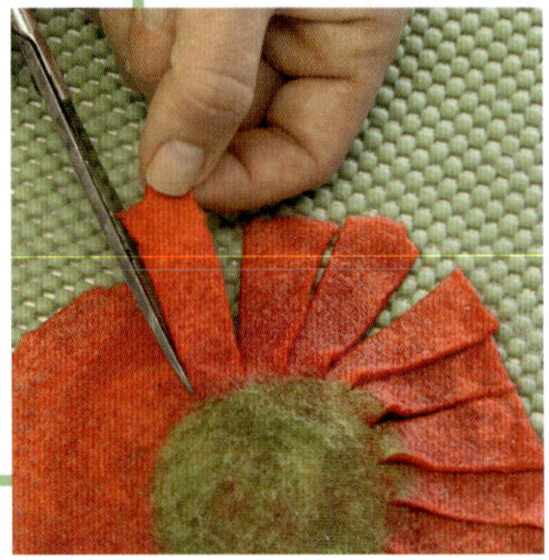

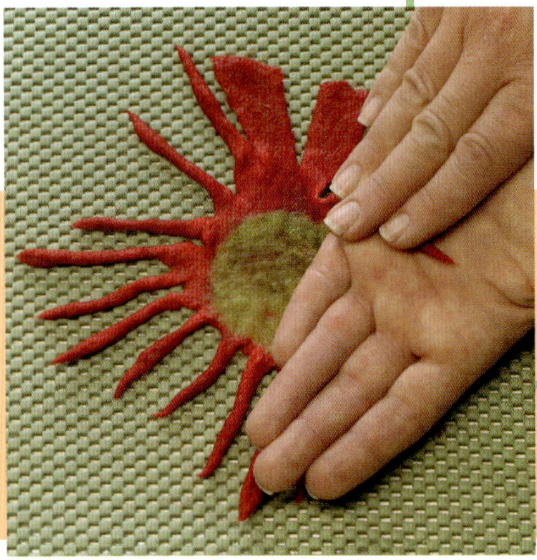

6 Jetzt die einzelnen Strahlen zwischen den Handflächen hin und her rollen und zu Schnüren filzen.

7 In der Mitte des Stielansatzes mit der Schere einen Einschnitt machen, den gelben Blütenstempel durchschieben und mit Nadel und Faden fixieren (der Faden ist nach dem Filzen nicht mehr sichtbar).

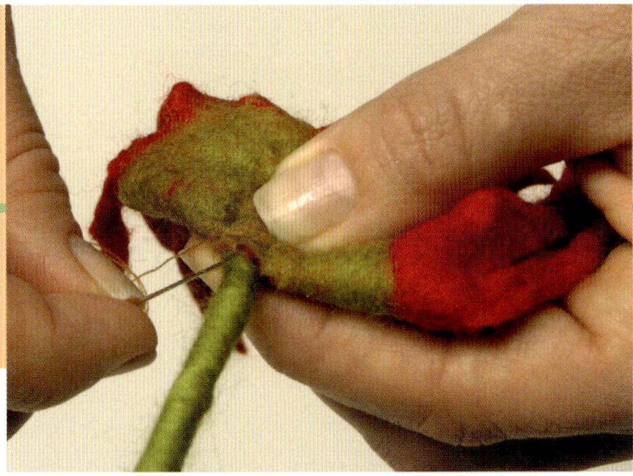

8 Die Verbindungsstelle mit Wollfasern (am Kammzug ein- bis zweimal zupfen) umwickeln.

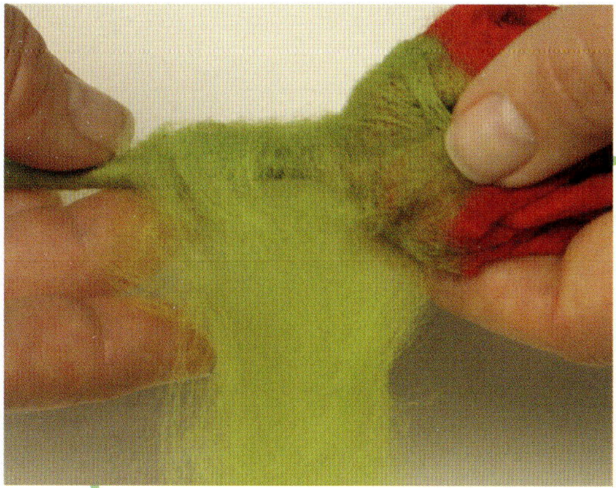

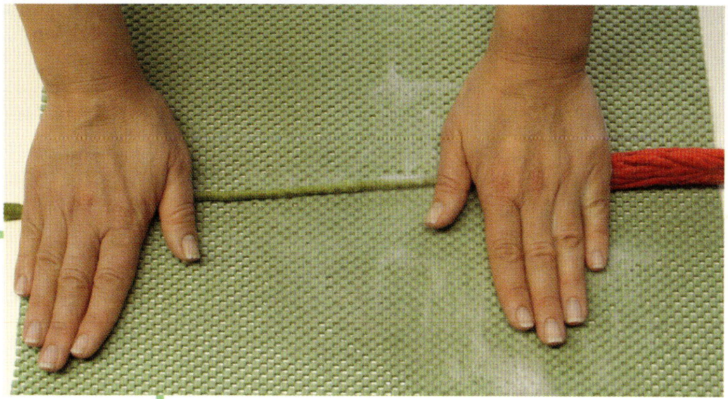

9 Das ganze Werkstück nass machen und die Verbindungsstelle durch sachtes Hin- und Herrollen anfilzen. Das erfordert etwas Geduld! Eventuell mit der Filznadel nachhelfen oder die Blume in der Antirutschmatte eingerollt filzen.

10 Ist der Stiel fixiert, wird mit stärker werdendem Druck die ganze Blume fertig gefilzt.

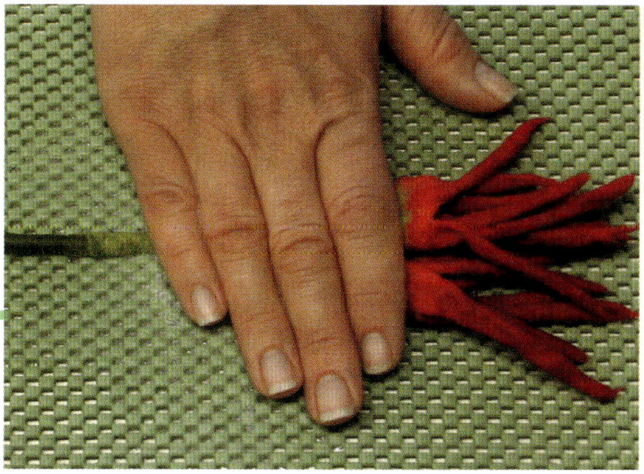

TIPPS

Der Stiel sieht interessant aus, wenn er über ein Rundholz – beispielsweise einen Besenstiel – geringelt wird.

Der Stiel kann bei kleineren Kindern auch weggelassen werden. Dann wird die Blüte, nachdem die Blütenblätter vorgerollt sind, am Stielansatz trichterförmig aufgenommen und zwischen den Handflächen hin und her gewalkt. Zum Stielansatz dabei mehr Druck ausüben, so dass die Wolle dort stärker schrumpft und dadurch die Blütenform entsteht.

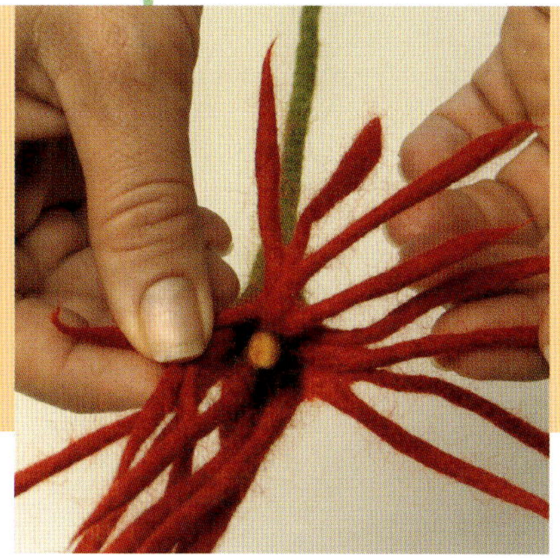

11 Zwischendurch die Blüte immer wieder auffächern, da sonst die Blütenblätter dauerhaft aneinander gefilzt werden. Nach dem Filzen auswaschen, das Wasser gut herausdrücken (in einem Handtuch), die Blüte in Form zupfen und auf einem Handtuch trocknen lassen.

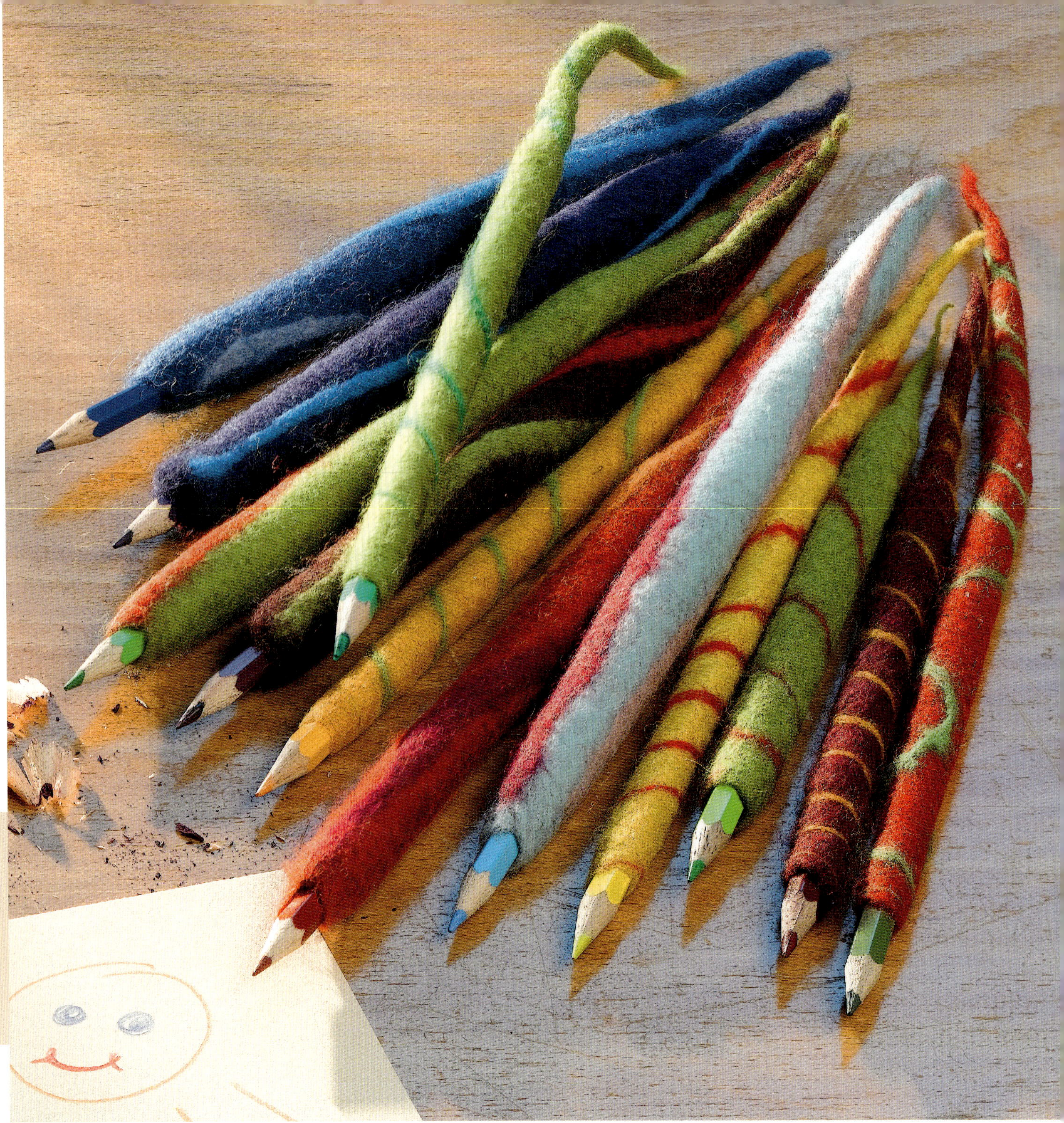

SCHWIERIG-KEITSGRAD

ZEITAUFWAND

KOSTEN
€

MOTIVLÄNGE
ca. 25 cm

MATERIAL

- Faserschreiber o. Ä. als Schablone (kein Buntstift!)
- Merinowolle im Kammzug, ca. 5 g, und dünne Strähne in Kontrastfarbe, 30 cm lang

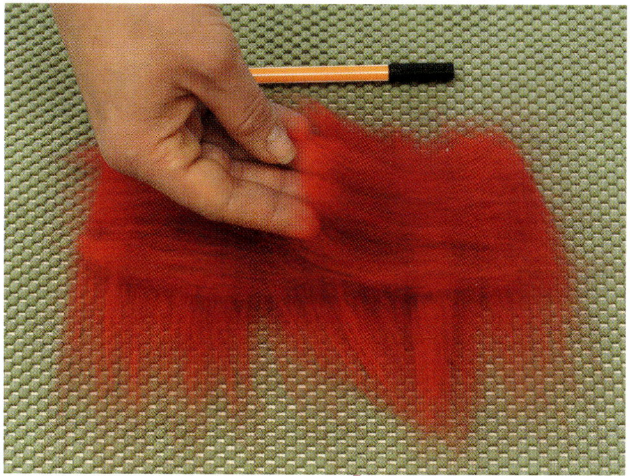

1 Entsprechend der Stiftlänge in zwei Lagen (kreuzweise zueinander) Filzwolle auslegen.

TIPP

Je nach Dicke des Buntstiftes, der später in die fertige Hülle passen soll, nehmen Sie zum Ausformen einen dicken Permanentstift (keine Holzstifte verwenden).

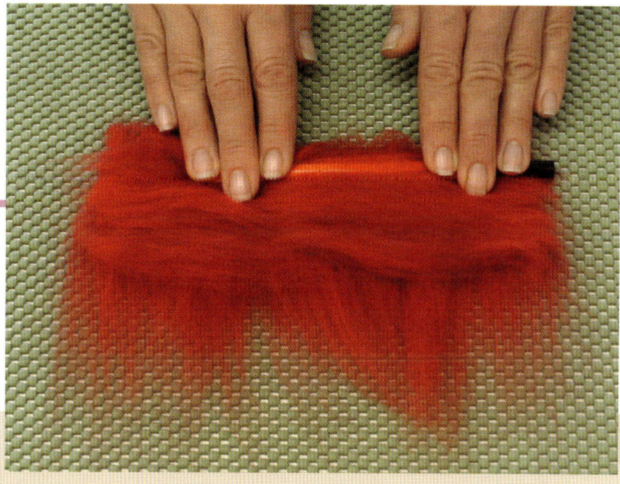

2 Den Stift auf die Wolle legen und einrollen, so dass er komplett ummantelt ist.

Filzstifte

STIFTE IN FILZHÜLLEN SIND NICHT NUR HÜBSCH ANZUSCHAUEN. KÜRZERE WERDEN SO WIEDER LANG.

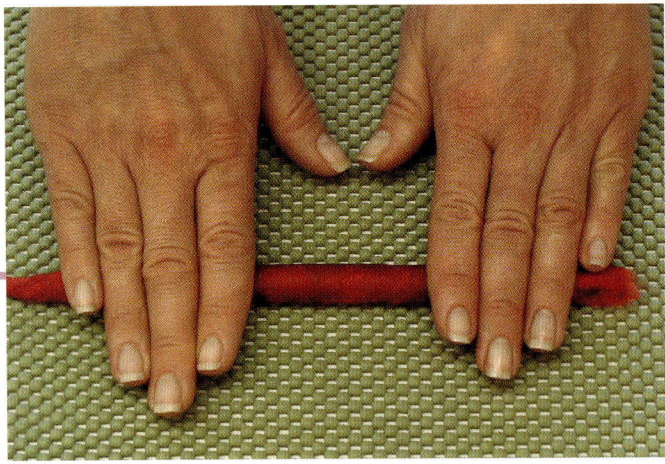

3 Auf die Antirutschmatte in der Länge der Filzarbeit Seifenlauge sprühen. Den ummantelten Stift durch das Wasser rollen, anheben und nochmals in die gleiche Richtung rollen, bis die Wolle seifig-nass getränkt ist.

4 Die 30 cm lange dünne Strähne trocken vorrollen (siehe Schritt 1, Seite 9) und um den Stift legen.

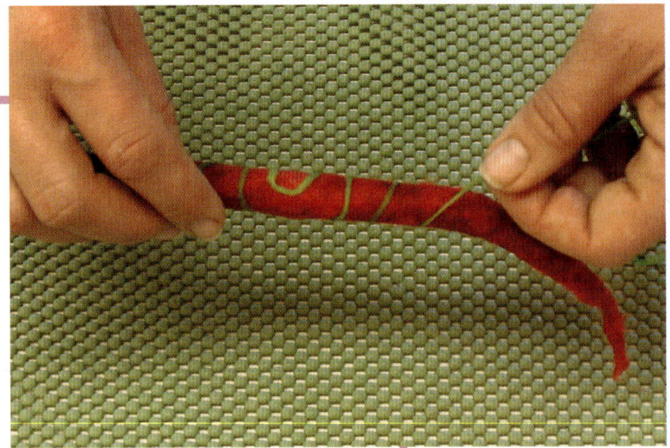

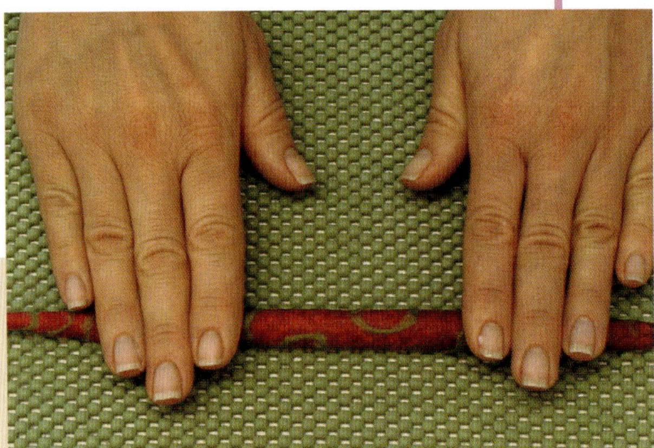

5 Mit seifig-nassen Händen den Stift vorsichtig hin und her rollen. Den Druck stetig erhöhen, bis die Wollschicht fest ist und eng um den Stift liegt.

6 Den Stift vorsichtig aus der Wollhülle ziehen und unmittelbar durch den Buntstift ersetzen. Auf einem Handtuch trocknen.

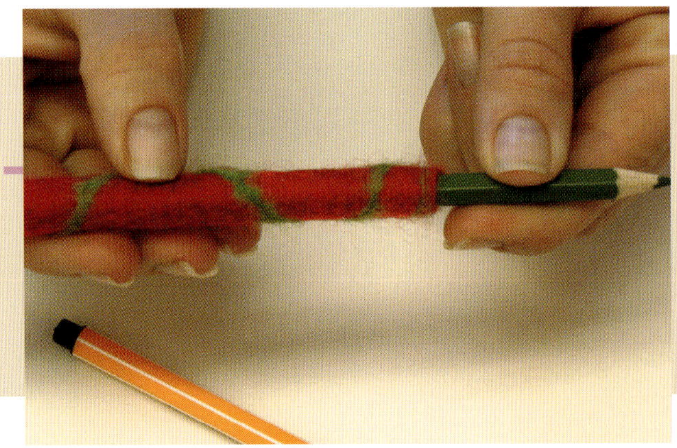

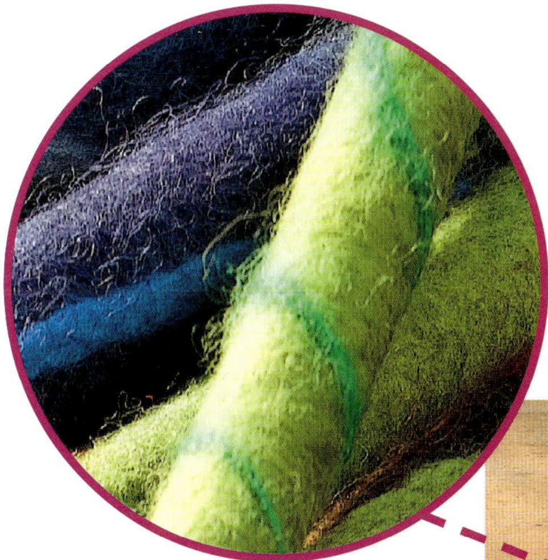

Die Filzhülle wird individuell angepasst, für größere Durchmesser einen entsprechend dickeren Stift zur Formgebung verwenden.

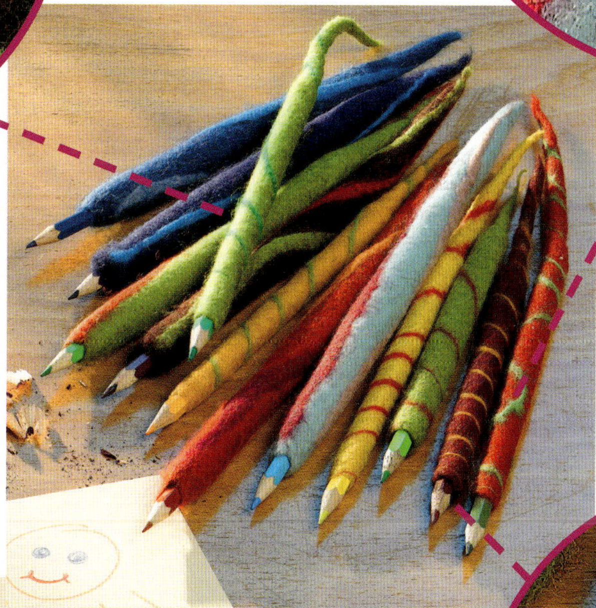

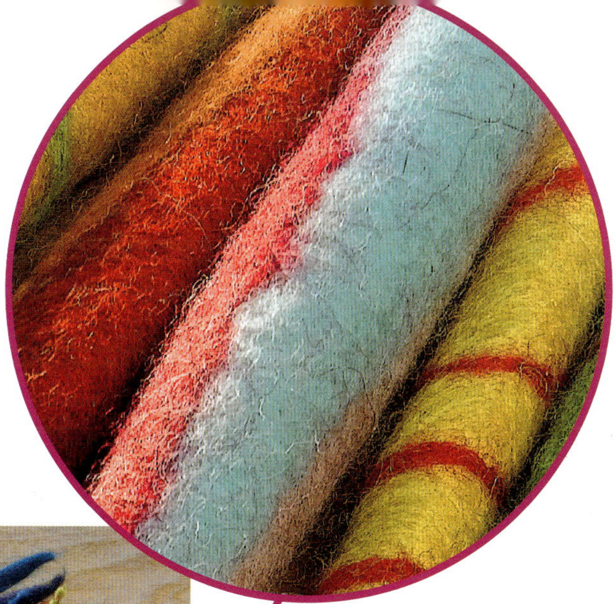

Als Muster können auch beliebig andersfarbige Wollflocken aufgelegt werden. Beim Anfilzen wird dann weniger Geduld benötigt, der Effekt ist aber ebenso schön.

... im Detail

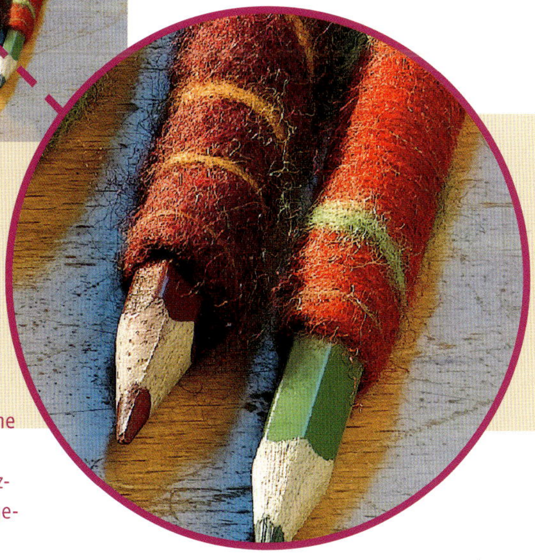

Anfangs kann der Stift vorne noch überstehen, aber im Laufe der Zeit dient die Filzhülle sogar als Stiftverlängerung.

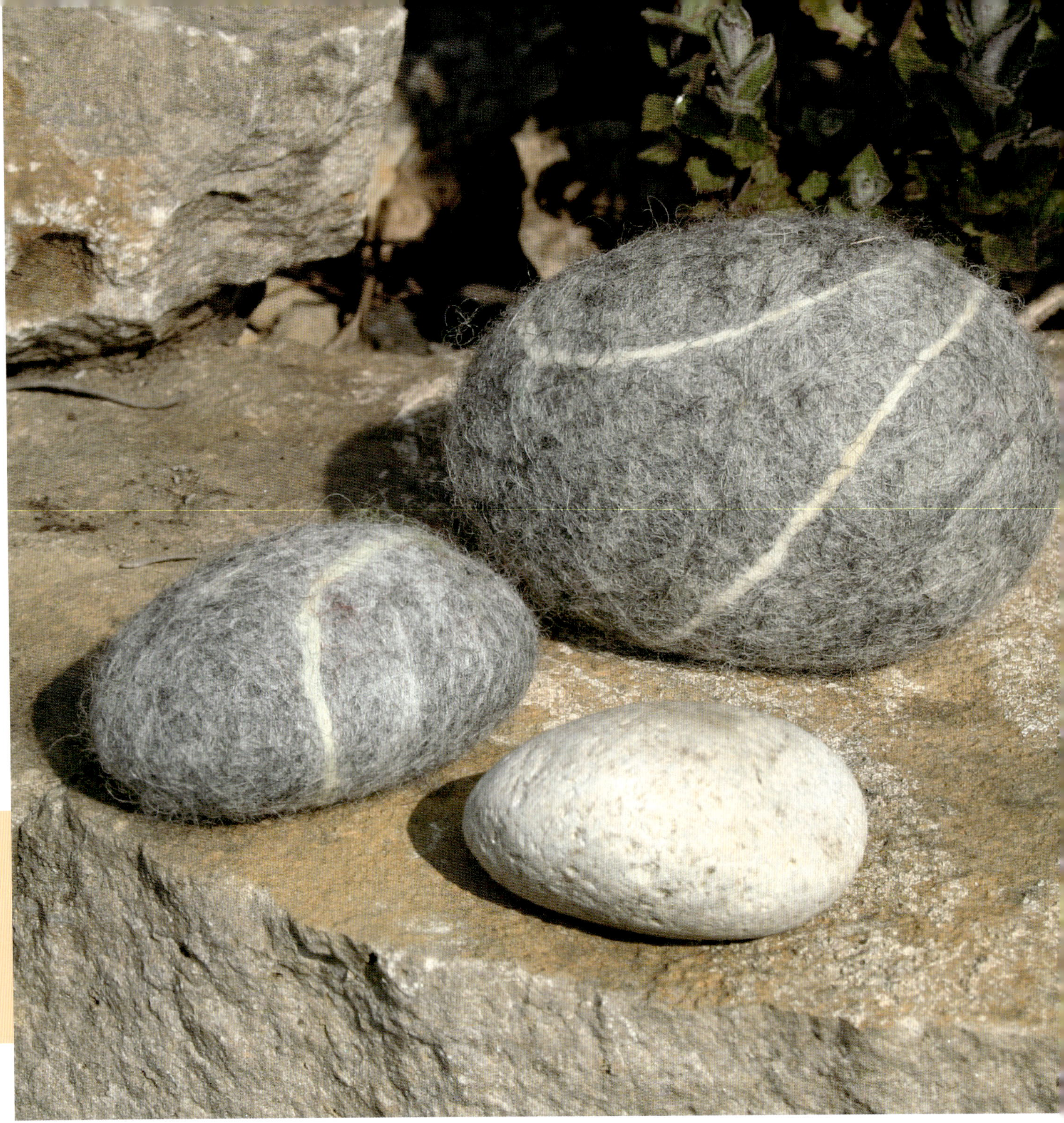

SCHWIERIGKEITSGRAD
◎

ZEITAUFWAND
⏰

KOSTEN
€

MOTIVGRÖSSE
ca. 7 cm bis 10 cm

MATERIAL
- Gotlandwolle im Vlies in Grau, ca. 20 g
- dünner Strang Merinowolle im Kammzug in Weiß, ca. 30 cm lang
- mittelgroßer Kieselstein

TIPP

Die Form ist vorgegeben durch den Stein. Um eine möglichst natürliche Färbung für den Stein zu erhalten, wird Gotland-Wolle verwendet. Die Wolle ist in vielen unterschiedlichen Grautönen erhältlich; sie wird nur im Vlies verkauft.

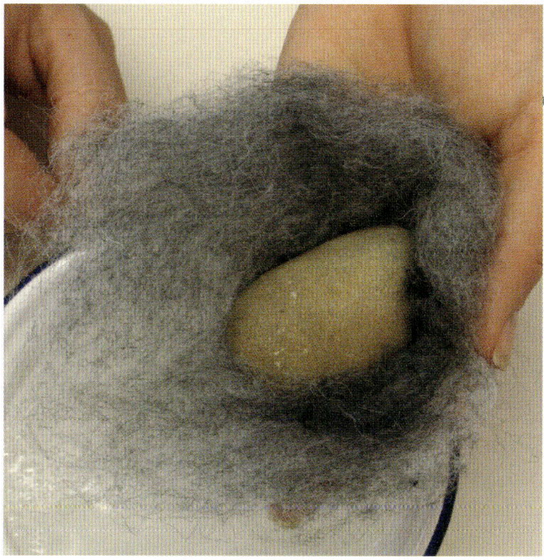

1 Vom Vlies ein Stück abrupfen und um den Stein wickeln.

2 Den Wollstein mit Seifenlauge nass machen, dazu die Lauge mit der Hand darüber schöpfen.

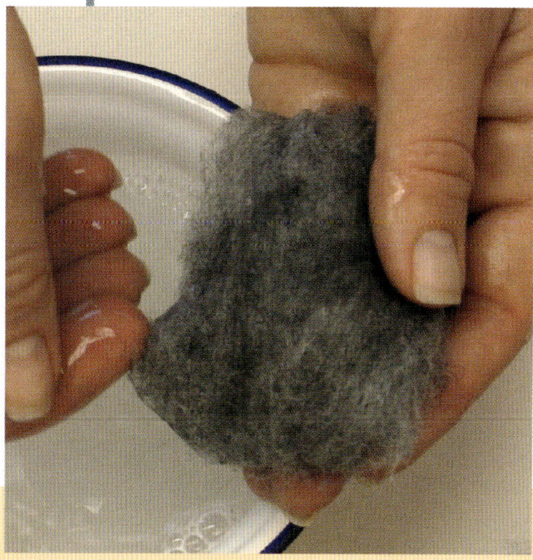

Filzsteine

DIE UMFILZTEN STEINE SIND EIN TOLLER HINGUCKER – UND AUF DEM SCHREIBTISCH IDEAL ALS BRIEFBESCHWERER.

4 Dann mit einer zweiten Schicht umwickeln, das ganze wieder befeuchten und so vier bis sechs Schichten aufbauen. Die Wollschicht sollte dann ca. 1,5 cm bis 2 cm dick sein.

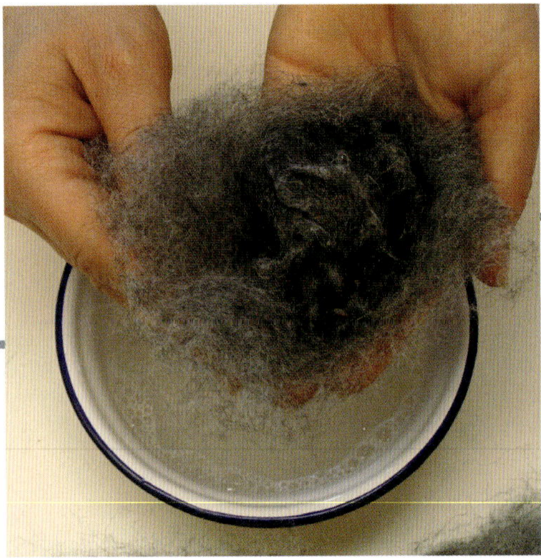

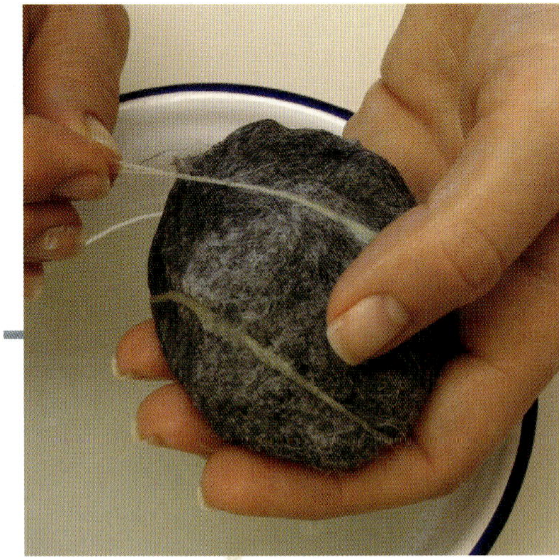

5 Einen dünnen, auf den Knien gerollten weißen Wollstrang (siehe Seite 9, Schritt 1) um als Andeutung einer Steinader um den Filzstein wickeln.

TIPPS

Kindern kann der Vorgang des Anfilzens wie folgt verdeutlicht werden: Das Anfilzen erfolgt so sanft, als würden sie ein Küken in ihrer Hand streicheln.

Bleiben die Wollfasern an den Fingern hängen, die Hände und ggf. auch das Werkstück mit Seife einreiben. Die Seife muss aber vor dem Walken wieder ausgewaschen werden, da zuviel Seife das Verfestigen des Filzes verhindert.

6 Nun das Ganze filzen: Den Stein mit seifig-nassen Händen vorsichtig streicheln. Den Druck mit der Zeit erhöhen, aber immer nur so stark, dass die Wollfasern nicht verrutschen. Das kann gut an der Steinader beobachtet werden. Solange reiben, bis die aufgelegten Wollschichten sich zu einem festen Filz verbunden haben. Das fertige Werkstück auswaschen und auf einem Handtuch trocknen.

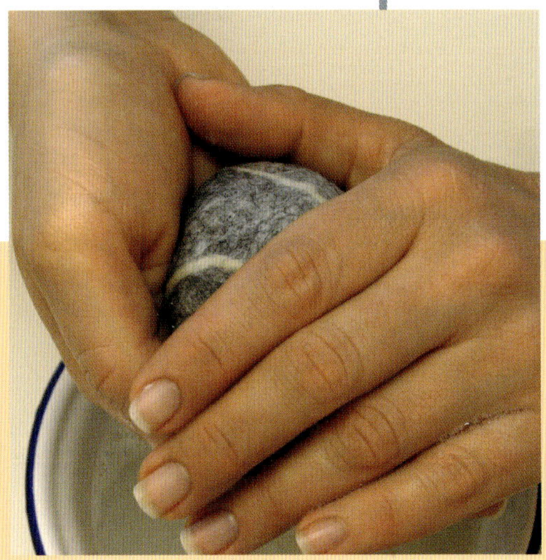

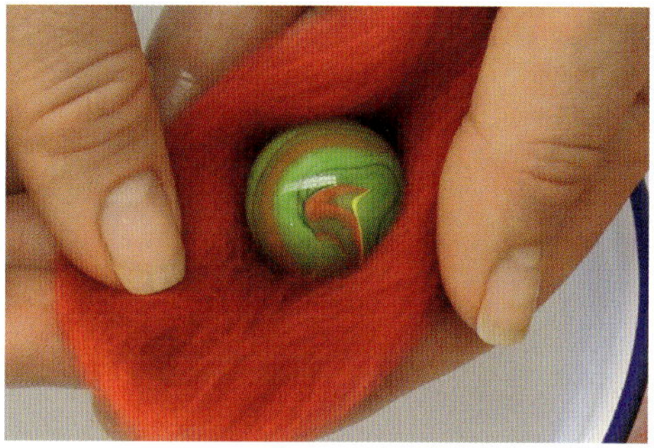

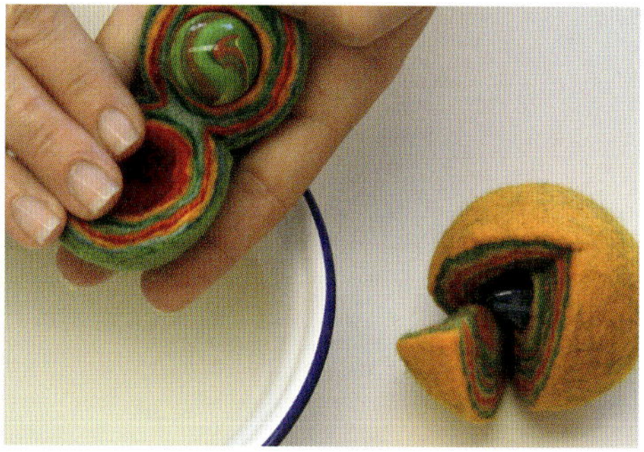

Die unterschiedlichen Wollfarben farblich sortiert auf Häufchen zupfen. Mit ein paar Wollfasern die Murmel o. Ä. umhüllen und sie in Seifenlauge eintauchen. Dann aus andersfarbigen dünnen Wollschichten eine Kugel aufbauen. Die einzelnen Schichten nicht anfilzen, sondern nur mit seifigen Händen glatt streichen, da sich ansonsten die nächste Wollschicht nicht mit der darunter liegenden verbindet.
Alles zu einer sehr festen Kugel filzen und dann mit einem scharfen Messer aufschneiden und die Schnittkanten nachfilzen.

... Variante

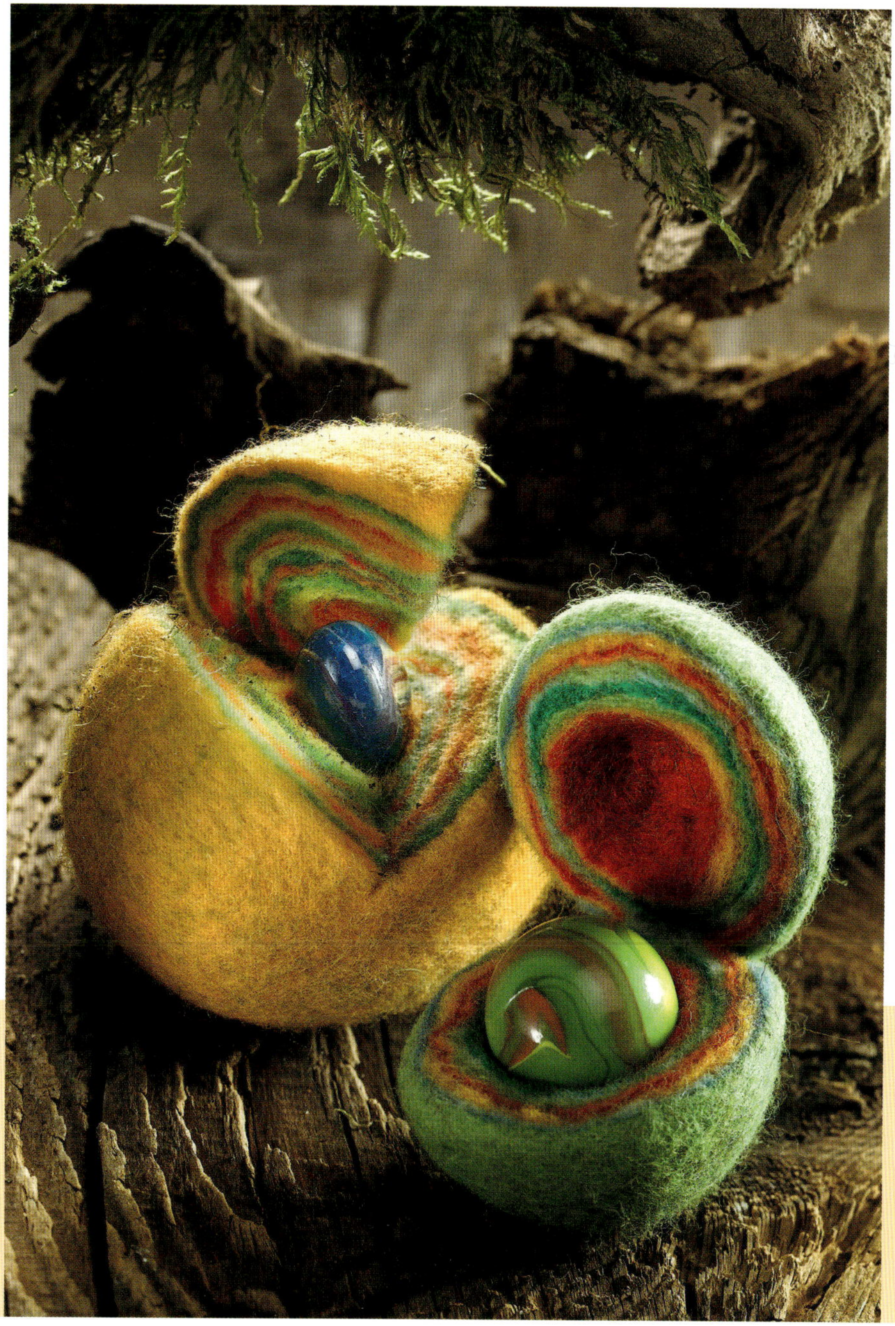

Auch Murmeln und Edelsteine können eingefilzt werden. Besonders toll sieht es aus, wenn unterschiedlich bunte Wollfasern darum herum gewickelt werden.

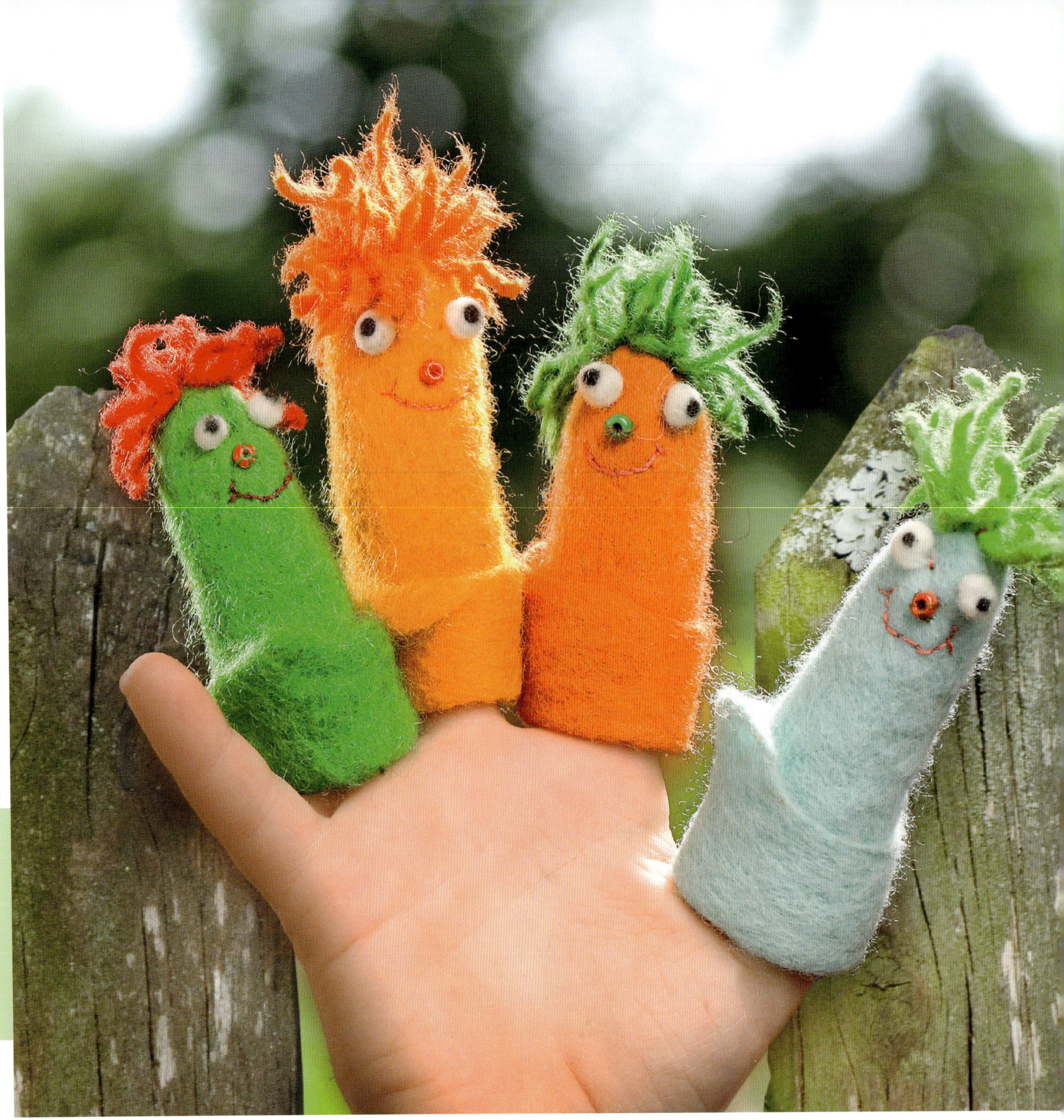

SCHWIERIG-KEITSGRAD
ʘʘ

ZEITAUFWAND
⏰⏰

KOSTEN
€€

MOTIVHÖHE
ca. 7 cm

MATERIAL
- Merinowolle im Kammzug, ca. 6 g (Figur)
- sehr dünne Strähne Merinowolle im Kammzug, ca. 40 cm lang (Haare)
- etwas Merinowolle im Kammzug in Weiß (Augen)
- wasserfester Filzstift in Schwarz
- Noppenfolie für Schablone, 5 cm x 13 cm
- Frischhaltefolie
- Rocailles in Rot, ø 2,4 mm
- Nadel und Nähgarn in verschiedenen Farben

1 Die Schablone zuschneiden: an einer Seite einen Halbkreis schneiden, die andere bleibt gerade. Die Schablone auf der Antirutschmatte mit der geraden Seite zum Körper hin ausrichten. Mit Wolle auslegen. Die gezupften Wollfasern ragen an den Seiten leicht über den Schablonenrand hinaus und liegen am unteren Rand bündig.

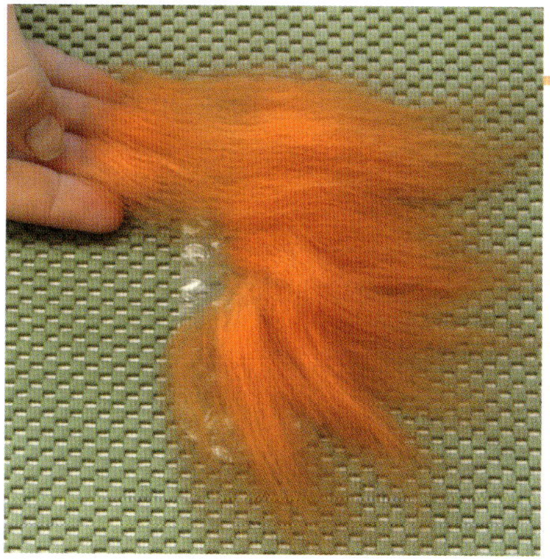

2 Eine zweite Lage kreuzweise zur ersten auslegen.

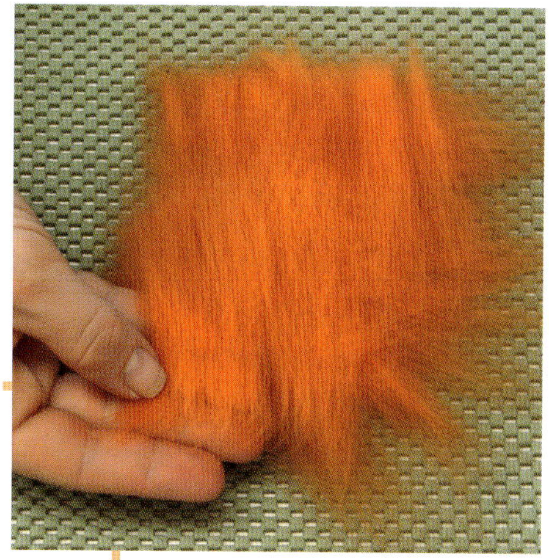

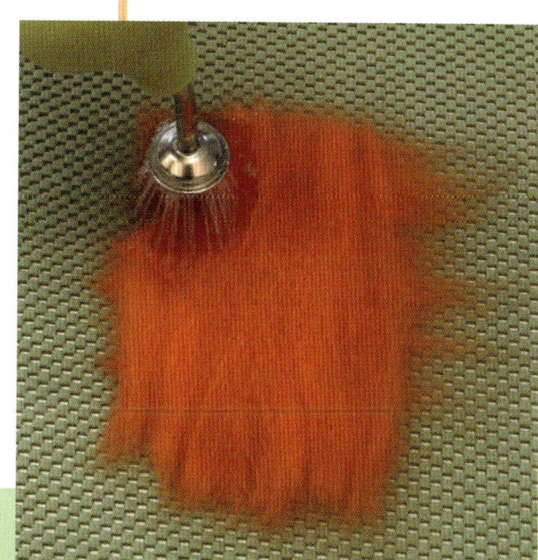

3 Die Filzwolle mit Seifenlauge durchfeuchten.

Fingerpüppchen

DAMIT DIE PÜPPCHEN AUF DEN FINGER GESTECKT WERDEN KÖNNEN, TRENNT EINE SCHABLONE DIE FILZSCHICHTEN.

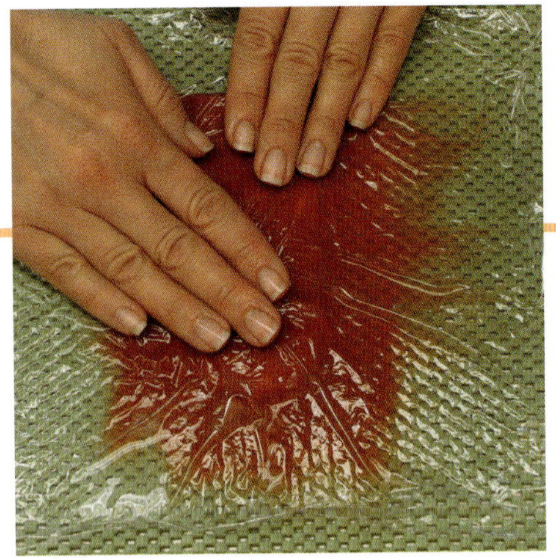

4 Ein Stück Folie auflegen und mit Seifenwasser befeuchten, damit die Finger besser über die Folie gleiten können. Durch kreisende Bewegungen auf der Folie wird die Wolle angefilzt. Die überstehende Wolle aussparen, so wird nicht gefilzt.

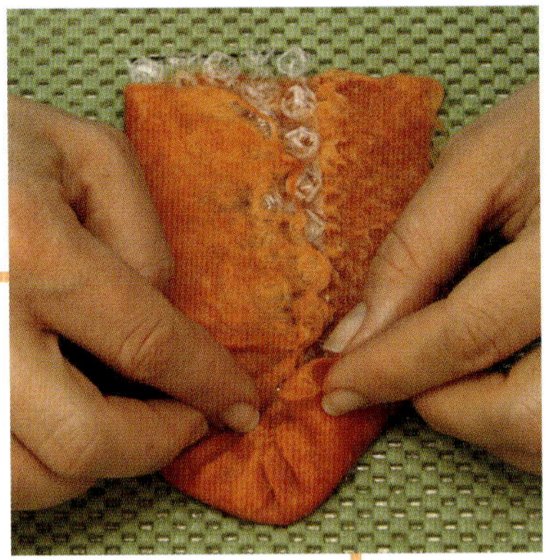

5 Das Arbeitsstück inklusive der Schablone wenden. Die oben aufliegende Schablone gegebenenfalls zurechtrücken, sodass sie am unteren Rand übersteht. An den übrigen Seiten die Wolle fest um den Schablonenrand legen, da sonst die Wollschichten am Rand nicht getrennt werden, die Wolle zusammenfilzt und sich Wülste bilden. Entstandene Falten mit den Fingern glatt zupfen. Ist die Schablone nicht gleichmäßig mit der umgeschlagenen Wolle bedeckt, muss noch Wolle nachgelegt werden.

6 Die Wolle wieder nass machen, Folie auflegen und diese Seite ebenfalls anfilzen. Dafür von außen nach innen reiben. Können keine einzelnen Wollfasern mehr aus dem Arbeitsstück herausgezogen werden, ist die Wolle angefilzt.

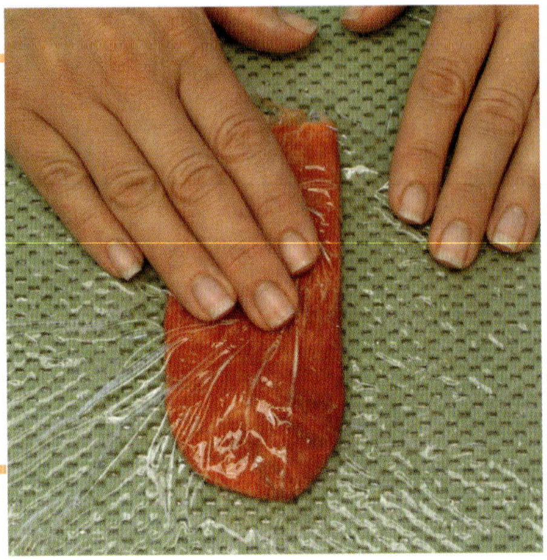

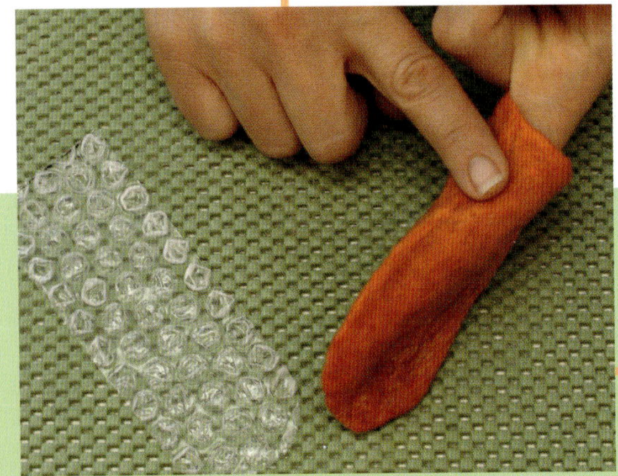

7 Die Schablone entfernen. Einen Finger in die Filzarbeit stecken und mit der anderen Hand kreisend die Seiten (hier ist jeweils ein Knick von der Schablone) glatt reiben.

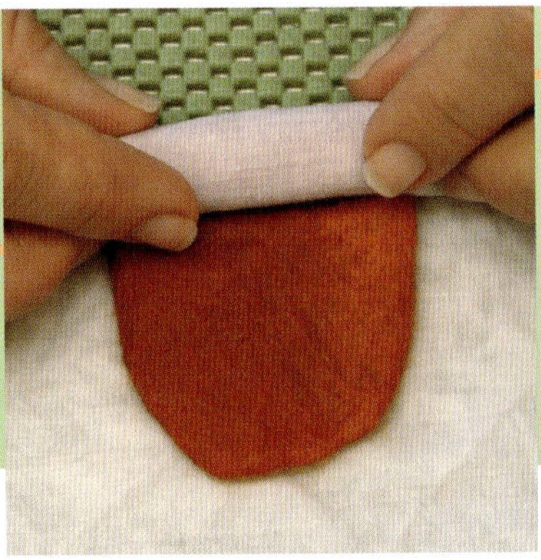

8 Nun das Werkstück in ein Handtuch oder Tuch wickeln und zum Walken ca. zwei Minuten vor und zurück rollen. Dann wieder auspacken, die Form zurechtzupfen, über den Finger in Form bringen, eventuell noch einmal nass machen und von einer anderen Seite einrollen und weiter walken. Dies so oft wiederholen, bis die gewünschte Größe erreicht ist. Dann den unteren Rand umschlagen.

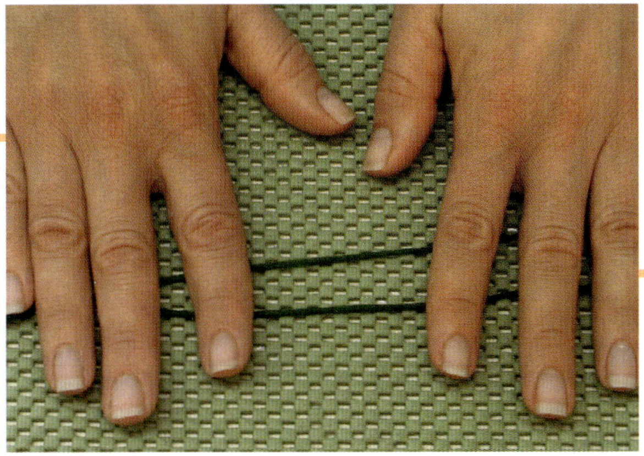

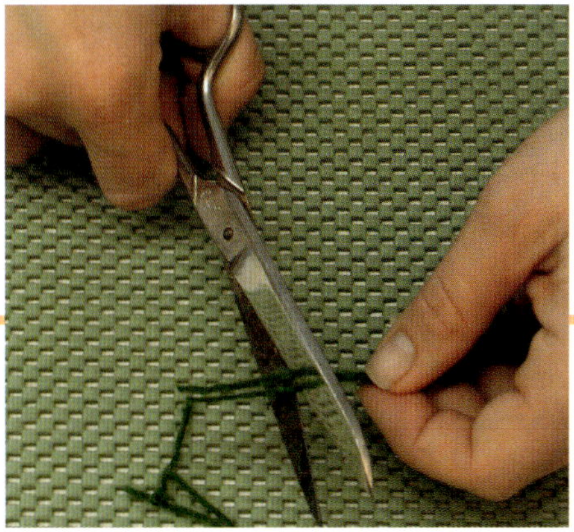

10 Nun 4 cm lange Stücke abschneiden und noch kurz filzen, dadurch werden die Schnittkanten geglättet.

9 Eine dünne Schnur für die Haare filzen. Die Wolle zum Vorformen auf einer trockenen Unterlage oder dem Oberschenkel hin und her rollen, so dass die Luft herausgedrückt wird.
Warme Seifenlauge auf die Antirutschmatte, nicht direkt auf die Wolle geben (sonst wird die Schnur wieder platt). Die vorgeformte Schnur mit wenig Druck hin und her bewegen, bis sie vollkommen nass ist. Dann kann der Druck stetig erhöht werden, aber nur soweit, dass die Form erhalten bleibt. Die Schnur ganz fest filzen und dann in Stücke schneiden, die dem Durchmesser der Schnur entsprechen.

11 Für die Augen aus der weißen Wolle zwei kleine Kugeln formen und mit Seifenwasser in der Handfläche filzen. Ausspülen und trocknen lassen.

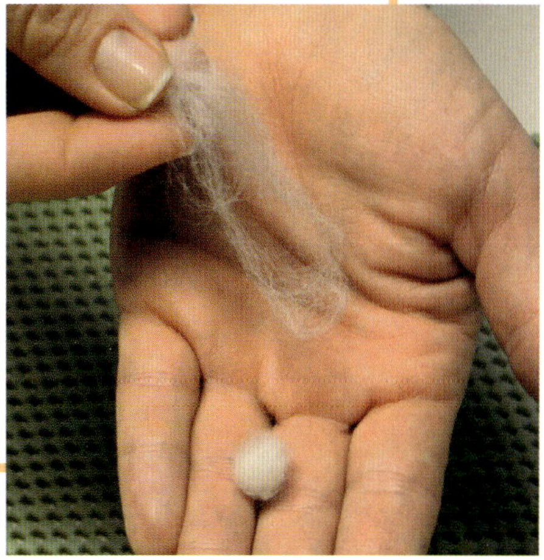

12 Mit einem wasserfesten Stift je eine schwarze Pupille aufmalen.

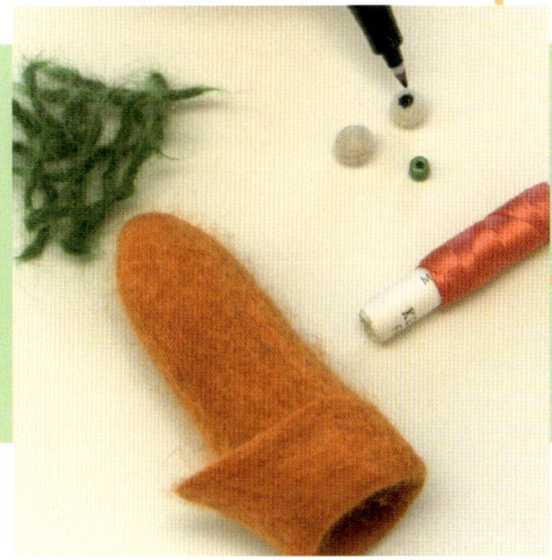

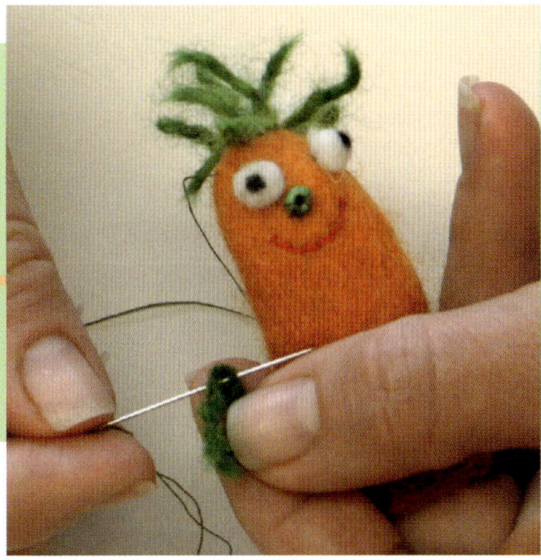

13 Die Augen, für die Nase eine Rocailles und die Haare (mittig geknickt) annähen. Einen lachenden Mund aus rotem Nähgarn im Steppstich aufnähen.

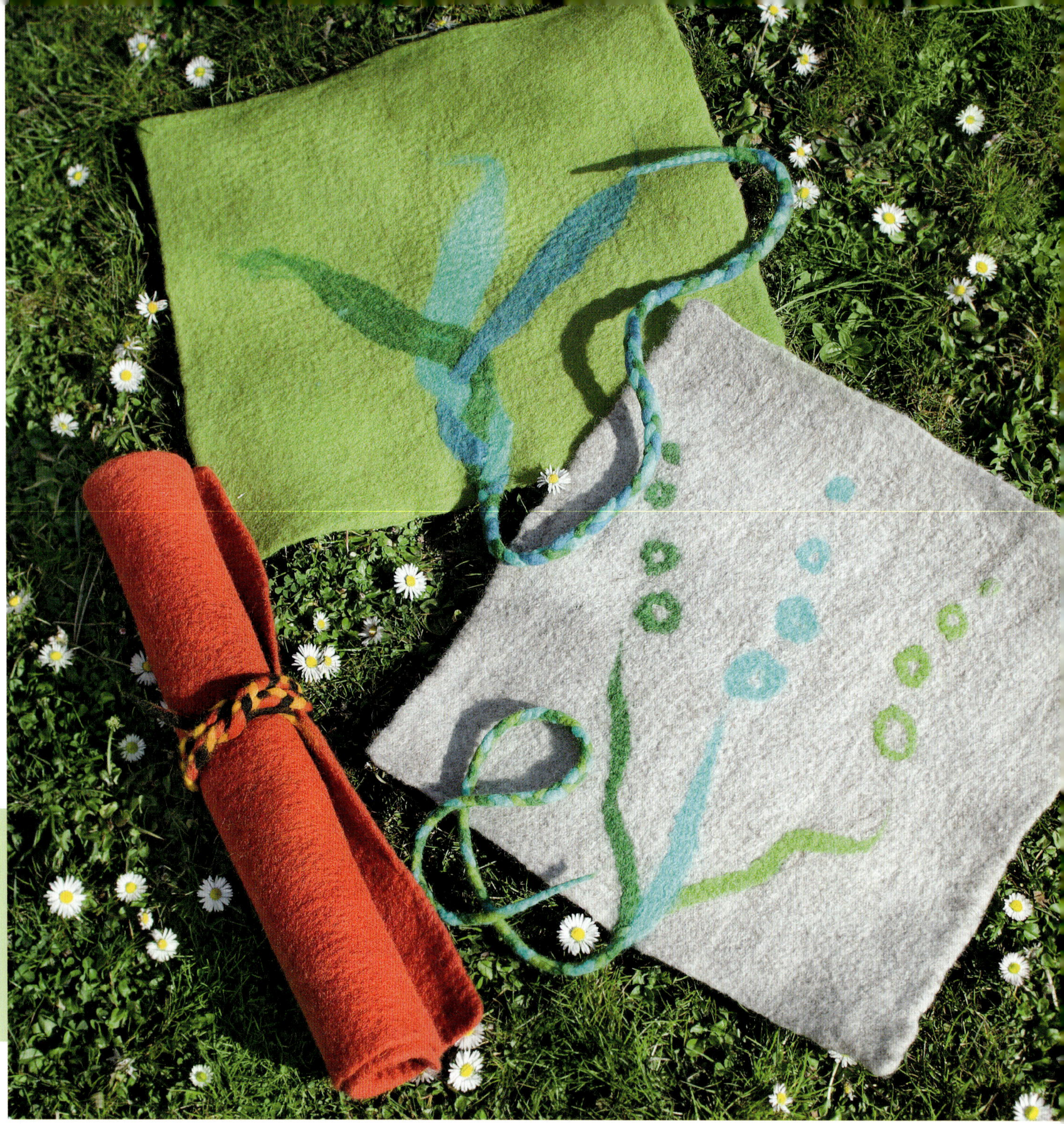

SCHWIERIG-KEITSGRAD
●●●

ZEITAUFWAND
⏰⏰⏰

KOSTEN
€€€

MOTIVGRÖSSE
ca. 40 cm

MATERIAL
- 3 fingerdicke Stränge Merinowolle im Kammzug, ca. 1 m lang (Schnüre)
- evtl. Reste Merinowolle (Muster)
- grobe Merinowolle im Kammzug, ca. 140 g (Fläche)

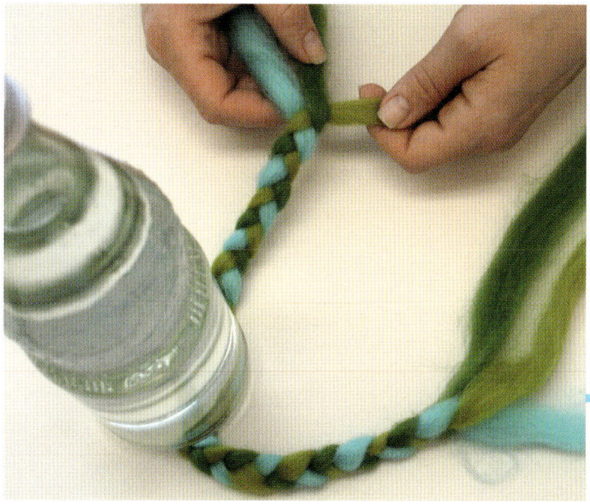

1 Bis auf ca. 30 cm die drei Stränge miteinander flechten. Das ist einfacher, wenn eine zweite Person die Stränge hält oder sie z. B. mit einer Glasflasche beschwert werden.

TIPP

Die Wolle schrumpft beim Filzen. Deshalb sollte die ausgelegte Fläche ca. 30 Prozent größer sein, als das fertige Kissen werden soll.

2 Das geflochtene Stück (nur dieses!) mit Seifenlauge nass machen und durch Hin- und Herrollen zu einer Schnur filzen. Wichtig ist dabei, dass das ungeflochtene Ende ausgespart wird und möglichst trocken bleibt, sonst lässt es sich nicht mehr in die Fläche einfilzen.

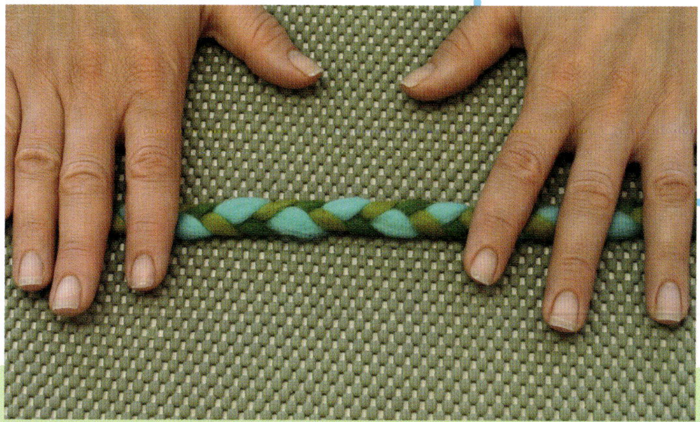

Sitzkissen zum Aufrollen

FÜR PAUSEN BEIM WANDERN, EIN PICKNICK ODER SITZKREISE.

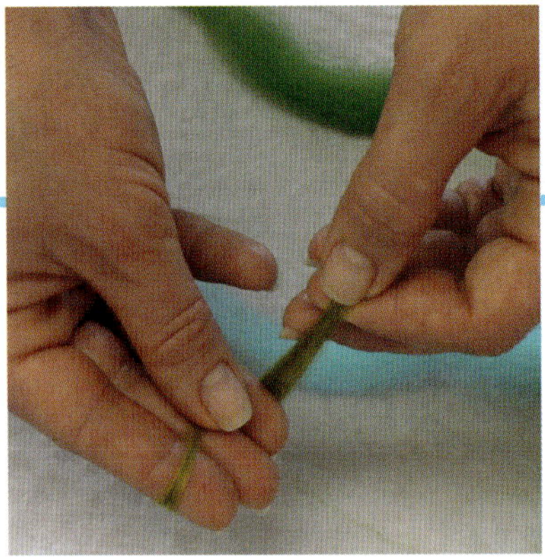

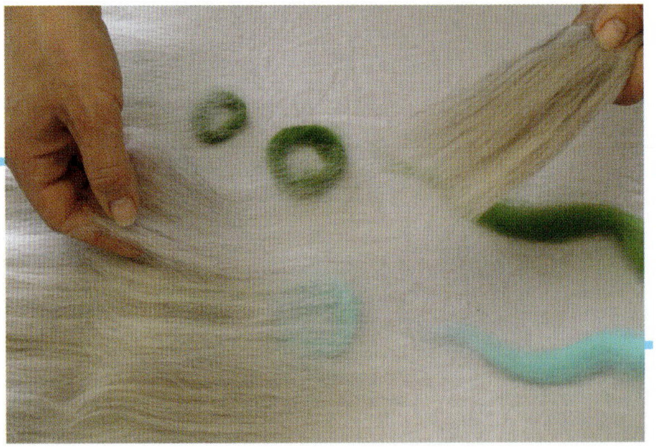

4 Die Wolle gleichmäßig auszupfen und Reihe für Reihe auflegen. Die einzelnen Strähnen überlappen einander leicht, das nennt man dachziegel- oder schuppenartiges Auslegen.

3 Auf die Antirutschmatte ein Stück Leintuch legen, ca. doppelt so groß wie das Arbeitstück. Darauf die Größe der Fläche zeichnen. Die ungefilzten Enden der Flechtschnur und nach Belieben ein Muster auflegen. Für die Kringel dünne Strähnen um einen oder mehrere Finger schlingen und auf dem Untergrund anordnen. Nun die Wolle für die Hintergrundfarbe auslegen.

5 Die nächste Lage wird kreuzweise gelegt. Je dicker der Filz sein soll, umso mehr Lagen werden aufgelegt. Für das Sitzkissen sollten es vier sein, immer kreuzweise aufeinander gelegt.

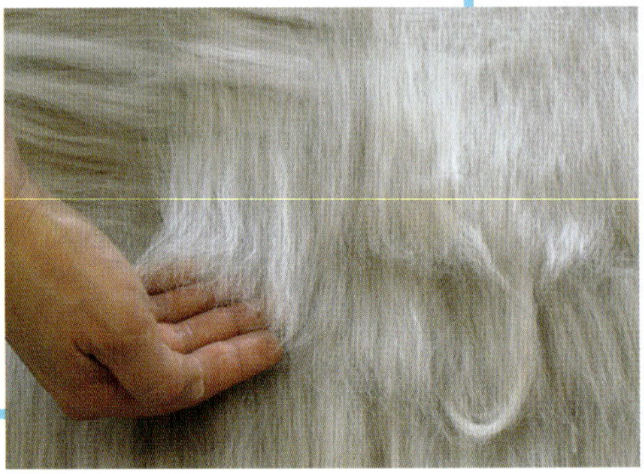

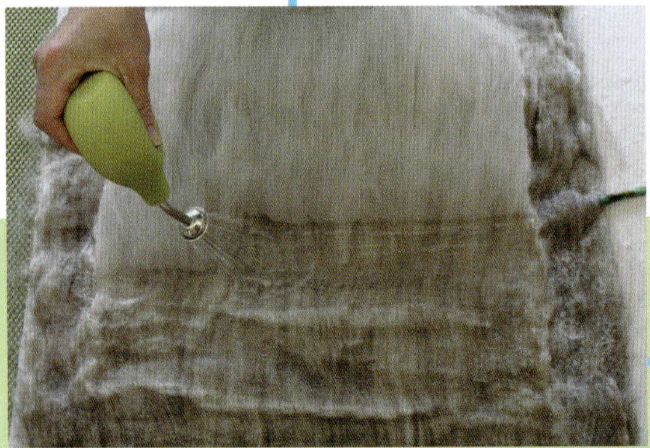

7 Mit nassen, seifigen Händen die Luft aus den Wollschichten drücken. Dann durch vorsichtige, kreisende Bewegung die Wolle anfilzen. Dabei mit sanftem Druck von außen nach innen auf die Wolle einwirken. Während des Filzens den Druck langsam steigern, die Kraft sollte sich dem Grad des Durchfilzens anpassen. Immer nur soviel Druck auf die Wolle ausüben, dass sich die Wollfasern nicht verschieben.

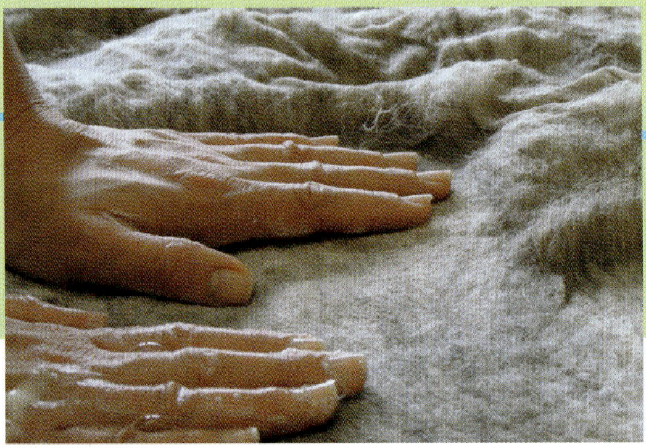

6 Die ausgelegte Wolle von außen nach innen mit heißer Seifenlauge befeuchten.

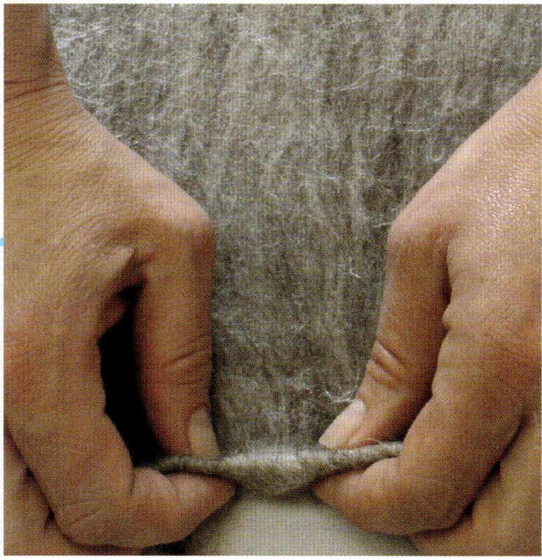

8 Für einen gleichmäßigen Randabschluss die Fasern nach innen klappen und anfilzen.

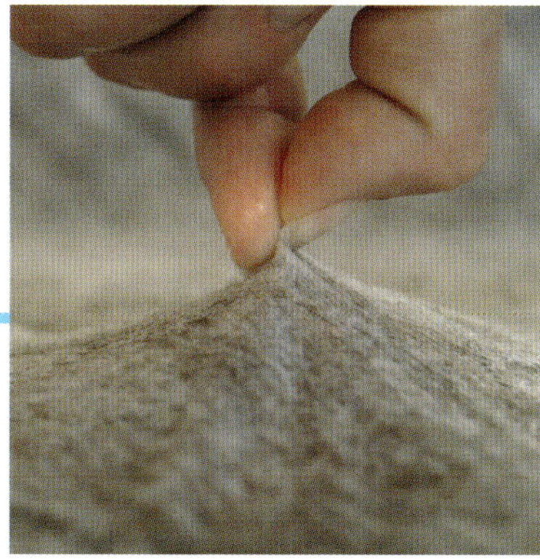

9 So lange filzen, bis sich keine Fasern mehr aus dem Objekt ziehen lassen.

10 Nun das Filzstück walken. Dazu das Kissen in ein Tuch einwickeln; die Schnur wird auf das Kissen aufgelegt und mit eingewickelt. Das Ganze zwei bis drei Minuten mit Druck hin und her rollen.

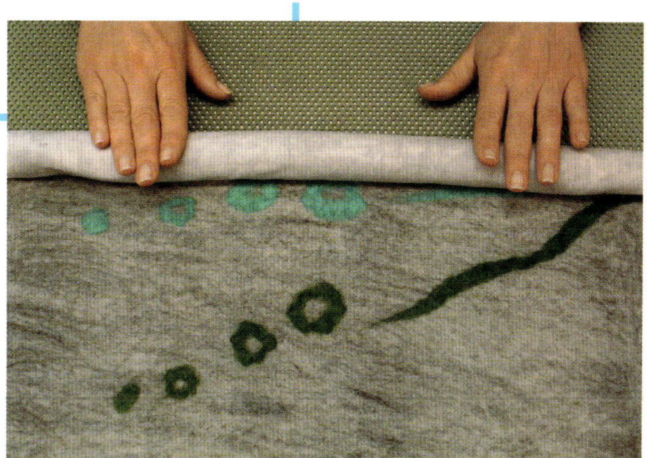

11 Die Rolle aufmachen und in Form ziehen. Das Sitzkissen um 90 Grad drehen, erneut aufwickeln und walken. Dies wird von allen Seiten sooft wiederholt, bis ein fester Filz entstanden ist.

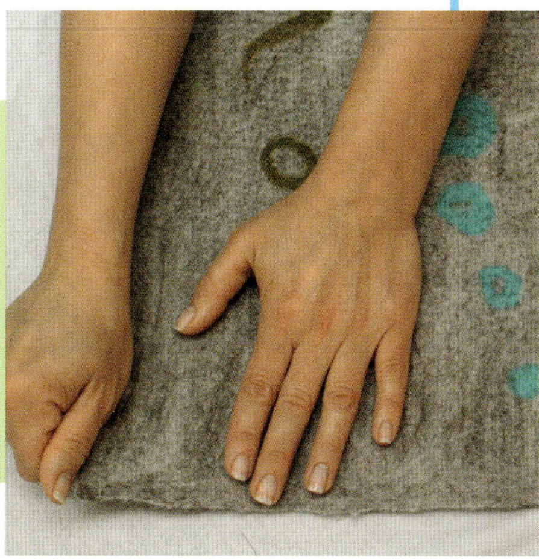

TIPP

Das Drehen des Filzstückes nach jedem Walkvorgang ist wichtig, damit es von allen Seiten gleichmäßig schrumpft und seine Form behält.

Für einen Beutel einen 40 cm großen Kreis auf das Leintuch zeichnen und zweilagig auslegen. Ist ein Muster gewünscht, wird dieses wie beim Sitzkissen vor dem Auflegen der Hintergrundwolle auf das Leintuch gelegt. Nach dem Filzen ca. 3 cm vom Rand entfernt Löcher einschneiden und eine gefilzte Flechtschnur zum Verschnüren durchziehen. Das geht gut mit einer Häkelnadel. Das Filzen solch einer Schnur wird auf Seite 25/26 gezeigt.

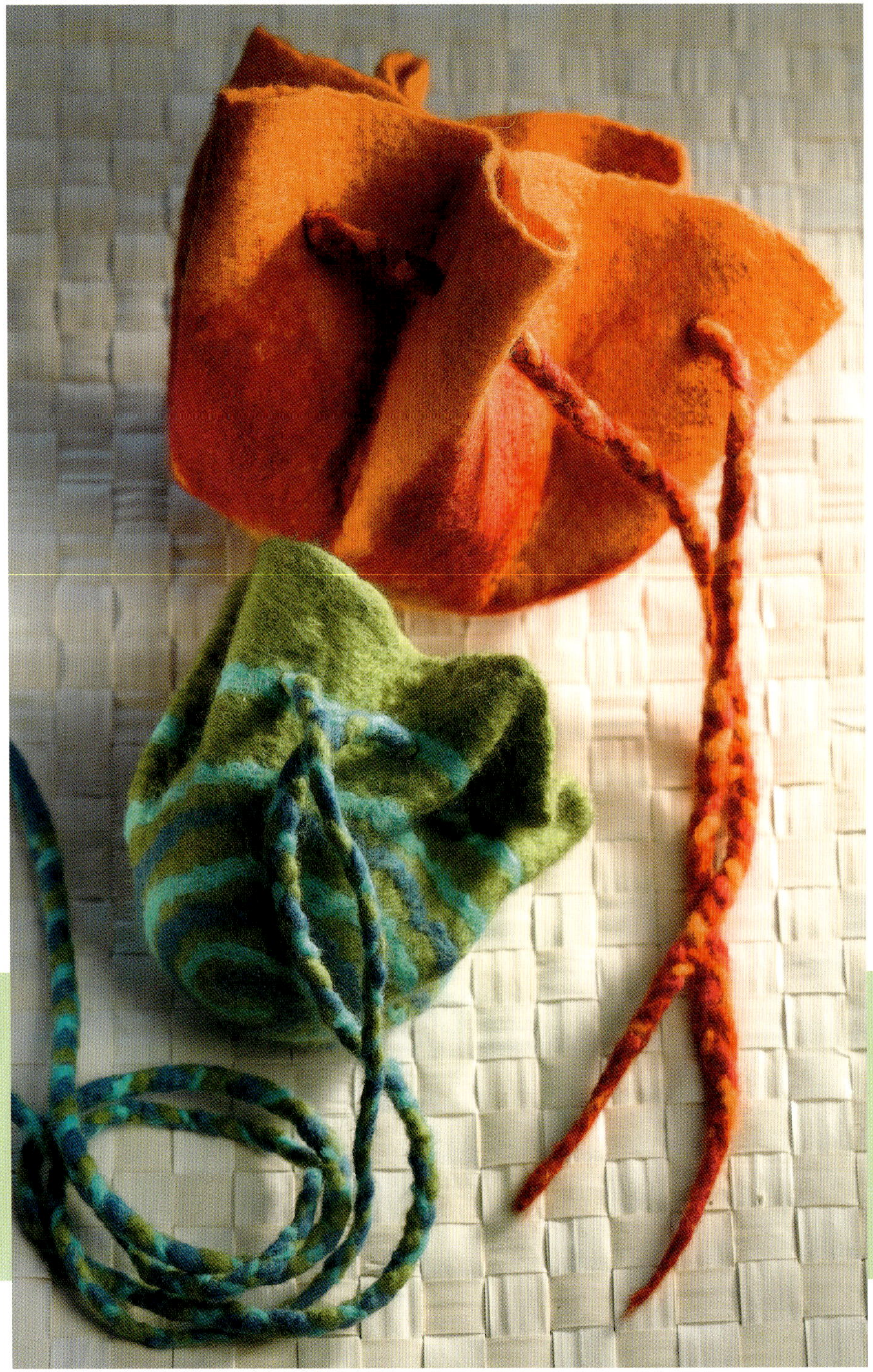

... Variante

Freundschaftswürmer

Seite 8

MATERIAL

- Merinowolle im Kammzug in beliebigen Farben, ca. 3 x 15 cm lang
- ganz dünner Strang Merinowolle im Kammzug in anderer Farbe, ca. 1 m lang
- Nadel und Nähgarn
- Rocailles, 2 x ø 2,2 mm (Augen) und 1 x 4 mm (Nase)
- Nähgarn in Rot (Mund)

Täschchen

Seite 12

MATERIAL

- Merinowolle im Kammzug in Braun, 25 g-30 g
- fingerdicker Strang Merinowolle im Kammzug in Grün, 40 cm lang
- ein paar bunte Wollflocken
- Silberdraht, ø 0,3 mm
- Noppenfolie für Schablone, 21 cm x 29,7 cm (A4)

Bunte Bälle

Seite 16

MATERIAL

- Merinowolle im Kammzug, ungefärbt oder Reste, ca. 15 g (Kern)
- Merinowolle im Kammzug in Rot, 6 g (Hülle)
- bleistiftstarken Strang Merinowolle im Kammzug in Orange
- Luftballon
- trockener Sand (Tierfutter-Abteilung), ca. 60 g
- mittlere Filznadel
- Trichter

Genadelte Fische

Seite 20

MATERIAL

- Merinowolle im Kammzug in Blau, ca. 5 g
- etwas Merinowolle im Kammzug in verschiedenen Farben (Muster)

Springseil

Seite 24

MATERIAL

- dickes, glattes Wollgarn (oder Wollgemisch) in zwei Farben
- Merinowolle im Kammzug in Blau oder Rot, ca. 25 g
- Rest Merinowolle im Kammzug in Gelb oder Pink
- dicke Häkelnadel

Materiallisten zum Heraustrennen

Schmucke Blumen

Seite 28

MATERIAL

- Merinowolle im Kammzug in Rot, ca. 6 g, und etwas Braun
- Strang Merinowolle im Kammzug in Grün, ca. 60 cm lang, und kleiner Bausch
- dünner Strang Merinowolle im Kammzug in Gelb, ca. 15 cm lang
- kunststoffummantelter Draht, 25 cm lang (aus Elektrobedarf)
- Zange

Filzstifte

Seite 32

MATERIAL

- Faserschreiber o. Ä. als Schablone (kein Buntstift!)
- Merinowolle im Kammzug, ca. 5 g, und dünne Strähne in Kontrastfarbe, 30 cm lang

Filzsteine

Seite 36

MATERIAL

- Gotlandwolle im Vlies in Grau, ca. 20 g
- dünner Strang Merinowolle im Kammzug in Weiß, ca. 30 cm lang
- mittelgroßer Kieselstein

Fingerpüppchen

Seite 40

MATERIAL

- Merinowolle im Kammzug, ca. 6 g (Figur)
- sehr dünne Strähne Merinowolle im Kammzug, ca. 40 cm lang (Haare)
- etwas Merinowolle im Kammzug in Weiß (Augen)
- wasserfester Filzstift in Schwarz
- Noppenfolie für Schablone, 5 cm x 13 cm
- Frischhaltefolie
- Rocailles in Rot, ø 2,4 mm
- Nadel und Nähgarn in verschiedenen Farben

Sitzkissen zum Aufrollen

Seite 44

MATERIAL

- 3 fingerdicke Stränge Merinowolle im Kammzug, ca. 1 m lang (Schnüre)
- evtl. Reste Merinowolle (Muster)
- grobe Merinowolle im Kammzug, ca. 140 g (Fläche)

Materiallisten zum Heraustrennen